Editorial
NUN

Kant y la conciencia moral
Un comentario
de los textos principales

Ficha bibliográfica

G. Vigo, Alejandro

Kant y la conciencia moral. Un comentario de los textos principales

ISBN: 978-607-59598-0-1

Editorial Notas Universitarias, S. A. de C. V.
Colección Sapientia

Impreso en la Ciudad de México, en marzo de 2023
Formato: 15 × 21 cm

168 pp.

Editorial NUN

Es una marca de la Editorial Notas Universitarias, S. A. de C. V.

Xocotla 17, Tlalpan Centro II, alcaldía Tlalpan,
C. P. 14000, Ciudad de México

www.editorialnun.com.mx

Comentarios sobre la edición a contacto@editorialnotasuniversitarias.com.mx

Versión impresa ISBN: 978-607-59598-0-1
Versión digital ISBN: 978-607-59598-3-2

Los textos aquí presentados fueron arbitrados (doble-ciego) y dictaminados por especialistas nacionales. Posteriormente fueron revisados, corregidos y modificados por los autores antes de llegar a su versión final.

Dirección editorial y diseño de portada: Miryam D. Meza Robles
Cuidado de edición: Felipe G. Sierra Beamonte
Diagramación: Daniel P. Estrella Alvarado

Impreso en México

Kant y la conciencia moral
Un comentario de los textos principales

Alejandro G. Vigo

Índice

Capítulo 4

Prólogo

En su versión original el presente estudio procede de la parte dedicada a Kant de un curso de doctorado titulado "Conciencia, autoengaño y autotransparencia (Kant, Hegel, Heidegger)", dictado en Universidad de Navarra (Pamplona, España) entre el 27 de enero y el 20 de febrero de 2009. Una versión reelaborada fue presentada en el curso "Autoconciencia, autoconocimiento, autotransparencia. La pervivencia de un motivo socrático en la filosofía alemana, de Kant a Heidegger", dictado para la Cátedra Honoraria "Razón, fe y cultura", del Instituto de Filosofía de la Pontificia Universidad Católica de Chile (Santiago de Chile), entre el 11 y el 19 de agosto de 2014. El texto permanecía inédito en ambas versiones. Una versión íntegramente revisada, que incluye ampliaciones y cambios sustanciales en diversas partes del desarrollo, fue incluida en el volumen titulado *Conciencia, ética y derecho. Estudios sobre Kant, Fichte y Hegel*, publicado por la editorial alemana Georg Olms (Hildesheim) en 2020. Este volumen contiene una serie de otros trabajos y no es fácil de hallar en estas latitudes, además de ser bastante costoso. La idea de publicar nuevamente el texto de modo independiente responde, pues, a la intención de hacerlo más fácilmente accesible. La versión aquí presentada ha sido revisada una vez más e incluye una cantidad de correcciones, cambios y mejoras, que en lo sustancial no alteran, sin embargo, el desarrollo de la exposición.

Como indica el título, lo que aquí se ofrece es un comentario de los textos principales en los cuales Kant discute el fenómeno de la conciencia moral. La intención es proporcionar una visión de conjunto que permita comprender mejor la posición elaborada por Kant, desde el punto de vista tanto de su evolución como de su encuadramiento sistemático. El enfoque practicado en el comentario se apoya en una tesis básica referida a la conexión intrínseca que vincula la posición final alcanzada por Kant en su discusión de la conciencia moral con la teoría de las facultades que presta sustento a su filosofía crítica, en general, y con su concepción relativa a las funciones de la facultad del juicio, en particular. De acuerdo con esto, puede decirse que, a la hora de dar cuenta del fenómeno de la conciencia moral, Kant elabora finalmente una concepción que apunta, en último término, a identificar una prestación específica de la facultad del juicio, en su función reflexiva. La conexión que Kant establece en el marco de dicha concepción entre la capacidad de reflexión, por un lado, y la posibilidad de obtener transparencia sobre sí mismo y superar el autoengaño por parte del agente individual, por el otro, adquiere una proyección sistemática que no siempre ha sido reconocida en toda su importancia, y que no se limita exclusivamente a la obra del propio Kant. En efecto, las posiciones elaboradas posteriormente por autores como Fichte, Hegel y Heidegger no podrían ser adecuadamente comprendidas sin referencia al trasfondo provisto por la concepción kantiana. Pero, además, esta última recoge en sí toda una gama de motivos y problemas que habían sido ampliamente elaborados ya en una larga y riquísima tradición, que atraviesa todo el pensamiento medieval cristiano y se remonta hasta el pensamiento griego clásico, en particular, hasta la figura de Sócrates. De hecho, la impronta marcadamente socrática de la filosofía crítica kantiana, a menudo tan poco atendida o simplemente pasada por alto, se advierte con particular nitidez, cuando se toma como hilo conductor, precisamente, el modo en el que Kant se hace cargo de la problemática vinculada con la conciencia moral. No sería exagerado, a mi modo de ver, hablar aquí incluso de un cierto "socratismo kantiano", al que cabría adscribirle seguramente una importante función de mediación, casi a modo de gozne, si hubiera que escribir una historia acerca de cómo la herencia socrática –por cierto, asociada estrechamente a la herencia cristiana– pudo ser acogida y continuada de diversos modos en la filosofía trascendental de la Modernidad, desde el idealismo alemán hasta la fenomenología.

Dado que la mayor parte de la exposición sigue de cerca el curso de la argumentación que Kant elabora en los textos comentados, es muy frecuente el recurso a la paráfrasis explicativa. Esto me ha llevado a incluir en muchos pasajes palabras del original alemán colocadas entre paréntesis, con el fin de prestar sustento a la interpretación ofrecida y mostrar su congruencia con el original kantiano. Con mucho menor frecuencia he recurrido a la cita literal de fragmentos más extensos de Kant u otros autores. Cuando lo he hecho, he traducido yo mismo el texto citado. La referencia a las obras de Kant y otros filósofos modernos se basa en un sistema de abreviaturas de los títulos originales. La correspondiente lista de abreviaturas se encuentra en la bibliografía incluida al final. He hecho un uso selectivo de la literatura secundaria, sin pretender abarcarlo todo, un propósito que, por otra parte, resultaría quimérico, dada la enorme cantidad de trabajos que se publican año a año. En todo caso, las referencias a temas y problemas de la discusión especializada, allí donde me parecieron necesarias, han quedado confinadas en las notas al pie. En ocasiones he incluido desarrollos argumentativos bastante amplios que interrumpen el seguimiento cercano de los textos y se internan en aspectos relevantes desde el punto de vista sistemático. En algunos casos esos desarrollos presentan también una mayor complejidad técnica. Espero, sin embargo, que nada de esto afecte excesivamente el tenor general del texto, que pretende servir también, en alguna medida, como introducción a una problemática que puede interesar no sólo a los lectores especializados, sino también a un público mucho más amplio.

Por último, quiero agradecer muy especialmente a la Universidad Panamericana y la editorial NUN, en la persona de Alberto Ross y Vicente de Haro, colegas y amigos de muchos años, por haber acogido generosamente este libro en su programa de publicaciones.

AGV

Santiago de Chile, enero de 2023

Capítulo 1

La noción de conciencia Algunas distinciones fundamentales

Aunque la cuestión de la conciencia, en general, y de la autoconciencia, en particular, juega un papel clave en la filosofía kantiana, Kant no dedica una obra o una parte de alguna de sus obras principales a discutir de modo específico la vasta y compleja problemática conectada con ella. Por el contrario, los pasajes relevantes para reconstruir el modo en el que Kant intenta caracterizar la conciencia y la autoconciencia, en sus diferentes posibles formas, se encuentran dispersos en diferentes discusiones, que versan centralmente sobre otros asuntos diversos. Así, por ejemplo, observaciones referidas al acceso que el "yo" puede lograr a sí mismo, en el marco del comportamiento teórico-constatativo, vale decir, a la difícil cuestión de aquella forma de autoconocimiento del "yo" en virtud de la cual éste se pudiera volver un "objeto" para sí mismo aparecen reiteradamente en el desarrollo *KrV*, pero siempre de modo más bien circunstancial y en el marco de diferentes contextos de discusión, tales como la "Deducción trascendental de las categorías" (cf. esp. § 24 de la versión de la segunda edición), el apartado de la "Dialéctica trascendental" dedicado a los "Paralogismos de la razón pura" (A 341-405 / B 399-432) y también la denominada "Refutación del idealismo", que Kant añade en la segunda edición de *KrV*, a continuación del tratamiento de los "Postulados del pensamiento empírico", dentro de la "Analítica de los principios" (cf. B 274-279).[1] Algo semejante ocurre, como se verá, en el caso del tratamiento de la conciencia moral, con excepción del tratamiento más amplio presentado en una lección más temprana, que no forma parte del *corpus* correspondiente al periodo crítico. Pero, antes de dar algunas breves indicaciones sobre el punto, conviene establecer algunas distinciones terminológicas y conceptuales de carácter elemental.

En español, la palabra "conciencia" cubre un campo semántico muy amplio, de modo que puede emplearse para hacer referencia a fenómenos muy diversos. Desde el punto de vista que aquí interesa, importa destacar que el término se emplea habitualmente, sin hacer mayores precisiones, para designar modos o formas de conciencia tanto de carácter teórico-constatativo como también de carácter práctico y, de modo más específico, práctico-moral. Por otro lado, hay que tener en cuenta que en nuestra lengua no solemos hacer mucho énfasis, cuando nos valemos del término "conciencia", sobre el hecho de si tenemos en vista formas de la conciencia de algo o bien de la conciencia de sí. La expresión "autoconciencia" no se suele emplear más que en el lenguaje técnico de la filosofía y otras disciplinas científicas (por ejemplo, la psicología y la neurociencia). Pero no tiene una presencia marcada en el lenguaje corriente. En el caso de la lengua alemana tenemos una situación bastante diferente. La diferencia entre *Bewußtsein* (conciencia de algo) y *Selbstbewußtsein* (conciencia de sí) está presente ya en el uso habitual del lenguaje. Es cierto que la expresión *Selbstbewußtsein* no se emplea corrientemente con el sentido preciso que adquiere en el lenguaje técnico de la filosofía y otras disciplinas científicas, sino en un sentido más vago y más general, que, en ocasiones, equivale a lo que en español se denominaría "confianza en sí mismo" o "seguridad en sí mismo", en el sentido de "estar seguro de sí mismo". Pero, de todos modos, la situación es muy diferente de la que se tiene en el español.

1 Para una buena discusión de la posición de Kant respecto de la posibilidad del autoconocimiento del "yo" en *KrV* puede verse, en nuestra lengua, Jáuregui (2008). Para la discusión de los diversos aspectos de la concepción kantiana de la conciencia de sí y el conocimiento de sí, véase Klemme (1996), Luo (2019) y Kraus (2020).

A esto se añade una segunda diferencia, conectada indirectamente con la anterior, que adquiere una especial relevancia en el presente contexto de discusión. En efecto, el alemán posee un término que designa, de modo específico e inintercambiable, una determinada forma o, si se prefiere, una determinada función de la "conciencia", en el sentido más propiamente práctico-moral. Se trata, como es sabido, del término *Gewissen*, que se emplea habitualmente para designar la "conciencia" en aquella forma o función peculiarísima a la que aludimos en español cuando decimos cosas tales como que "me lo dice (indica, manda) mi conciencia", "la (mi) conciencia me remuerde", "la (mi) conciencia me acusa", "tengo remordimientos de conciencia", etc. En nuestra lengua, muchas veces hablamos de "conciencia", sin más, es decir, a secas, para referirnos a esta peculiar forma o función de carácter esencialmente práctico-moral. A veces hablamos también de "conciencia moral". Pero en el empleo habitual de tales expresiones en nuestra lengua no siempre queda realmente claro a qué forma o función específica de la "conciencia" estamos haciendo referencia, incluso allí donde, como ocurre en el caso de la expresión compuesta "conciencia moral", no quede mayor duda de que no se trata de ninguna forma o función de la conciencia en el sentido teórico-constatativo. Por lo demás, se plantea la dificultad de que la expresión "conciencia moral" resulta en nuestra lengua todavía demasiado amplia y vaga, a pesar de la restricción que establece el adjetivo, porque, visto el asunto desde el alemán, sobre todo, en el uso más propiamente filosófico, dicha expresión podría corresponder a dos cosas muy diferentes, a saber: por un lado, a lo que se denomina *moralisches Bewußtsein*, que en adelante designaré como "conciencia moral^{mB}" y, por otro, a lo que se denomina *Gewissen*, que en delante designaré como "conciencia moral^{G}".[2] Sólo el *Gewissen*, es decir, la "conciencia moral^{G}", se

[2] Como se sabe, Kant no se vale terminológicamente del contraste entre "conciencia moral^{mB}" y "conciencia moral^{G}", pues no emplea como término técnico la primera de ambas expresiones. Es Hegel quien, en su crítica de la concepción de Kant, se ha valido de la expresión "conciencia moral^{mB}" para referir, de modo global, a las funciones de lo que Kant denomina la "razón (pura) práctica" ([*reine*] *praktische Vernunft*), entre las cuales se cuenta la de la "conciencia de la ley moral" (*Bewußtsein des moralischen Gesetzes*) (cf., por ejemplo, *KrV* § 6 nota). Para la crítica de Hegel a la concepción kantiana como situada en el nivel que corresponde a la "visión moral del mundo" (*moralische Weltanschauung*) y la "conciencia moral^{mB}", véase *PhG* IV C esp. p. 324-340.

corresponde, en el alemán, con aquella forma o función de la conciencia que nosotros decimos que "nos remuerde", "nos acusa", etcétera.[3]

Como a nadie escapa, en el examen filosófico de las diversas formas o funciones reconocidas como propias de la "conciencia moral", en el sentido más amplio e indiferenciado de la expresión, se ha distinguido desde siempre, aunque de diversos modos y con arreglo a diversas fijaciones terminológicas, algunas que parecen ser fundamentales. Si, a los fines de una mayor claridad, se comienza aquí por identificar los dos extremos opuestos entre los cuales queda comprendida una variedad de niveles intermedios, en una escala que va de lo más universal a lo más particular, puede decirse que hay, en último término del análisis, dos formas o funciones fundamentales de la "conciencia moral", en el sentido más amplio e indiferenciado de la expresión. Por un lado, se tiene la función que da cuenta del acceso originario a los principios primeros de la moralidad, tal como dicho acceso originario tiene lugar, antes de toda reflexión tematizante al modo en que la lleva a cabo la filosofía moral, ya en el plano correspondiente al ejercicio de la razón práctica por parte de los agentes individuales. Por otro lado, está también

Para una discusión de la concepción hegeliana de la "conciencia moral[G]", sobre la base del contraste con la "conciencia moral[mB]", me permito remitir a Vigo (2014).

3 El término *Gewissen*, en la forma antigua *gewizzeni* (*gewizzanî*), aparece atestiguado por primera vez hacia el año 1000, en el monasterio de Sankt Gallen, en una glosa anónima añadida al comentario al *Libro de los Salmos* compuesto por el monje benedictino Notker III, también llamado Notker Labeo o Notker Teutonicus (*ca.* 950-1022). En dicha glosa *gewizzeni* traduce el término latino *conscientia*, conservado por Notker (cf. Salmo 68, 20). El término alemán se emplea, pues, desde un comienzo, como traducción de *conscientia*, que, a su vez, se empleaba tradicionalmente para traducir el término griego *syneídēsis*. Para los avatares de la posterior historia del término alemán, que no adquirió mayor protagonismo sino hasta Lutero, véase Störmer-Caysa (1995) p. 7-31, quien ofrece, además, una amplia selección de textos relevantes para la historia de la formación del concepto de "conciencia moral[G]", desde la Biblia hasta Lutero, en traducción alemana (cf. p. 32-199). Para un sucinto panorama histórico de la evolución del concepto, desde las fuentes griegas hasta la filosofía del siglo xx, véase Reiner (1974) col. 574-592. Una amplia discusión del papel protagónico que desempeñó el concepto de "conciencia moral[G]" en el debate religioso, teológico y filosófico, en el contexto de la Reforma y la Ilustración, se encuentra en Kittsteiner (1991), quien considera también el renovado protagonismo que adquiere el concepto en el siglo xviii, desde Thomasius y Wolff hasta A. Smith y Kant (cf. esp. p. 254-286). Se afirma frecuentemente, no sin razón, que el concepto de "conciencia moral[G]", en su formación y su desarrollo histórico, revela la decisiva influencia del pensamiento cristiano. No menos cierto es, sin embargo, que las fuentes literarias griegas, desde Homero en adelante, dan claro testimonio del reconocimiento de buena parte de las funciones asociadas habitualmente con la "conciencia moral[G]". Para una instructiva discusión de las fuentes más relevantes, con especial atención al caso de los tres grandes autores trágicos clásicos, Esquilo, Sófocles y Eurípides, véase Class (1964).

la función que da cuenta del modo en el cual tiene lugar el enjuiciamiento, desde un punto de vista estrictamente moral, de acciones y situaciones particulares, en conexión con intenciones y objetivos de acción particulares, por parte el agente individual que o bien delibera sobre un curso de acción a emprender, o bien controla el modo en que él mismo lleva a cabo en concreto determinadas intenciones de acción, durante el proceso mismo de su realización, o bien somete a revisión crítica acciones propias ya realizadas y las intenciones conectadas con ellas.

Ambas funciones marcan, por así decir, los límites superior e inferior, respectivamente, del ámbito de despliegue dentro de la cual se lleva a cabo, desde la perspectiva propia de la primera persona, el razonamiento específicamente moral, en sus diversas posibles formas y en sus diversos tramos de ejecución. Ahora bien, en la medida en que se trata de diversas formas o funciones de la "conciencia moral", en el sentido más amplio e indiferenciado de la expresión, el anclaje en la perspectiva de la primera persona va acompañado aquí necesariamente por una cierta inflexión autorreferencial.[4] En efecto, esta última está presente en todos los tramos del esquema, cuando se trata precisamente de diversas formas o funciones de la "conciencia moral". Pero adquiere su carácter más acusado y expreso, allí donde se trata del enjuiciamiento de acciones y situaciones particulares, en conexión con intenciones particulares, vale decir, allí donde se trata de la función específica que desempeña la "conciencia moral^{G}". Esto explica, al menos, en alguna medida, por qué la "conciencia moral^{mB}", aunque anclada en la primera persona y dotada de una inflexión autorreferencial siquiera latente, puede verse predominantemente como una forma de "conciencia de algo", mientras que la "conciencia moral^{G}" constituye, a todas luces, una peculiar forma de "conciencia de sí", es decir, de "autoconciencia", dotada en este caso de un alcance irreductiblemente práctico-moral y, además, como se verá, de un carácter esencialmente ejecutivo, y no meramente constatativo.

4 Para un argumento destinado a mostrar que también el acceso originario a los principios primeros de la moralidad, tal como éstos quedan expresados en los mandatos morales fundamentales, alberga en sí un componente autorreferencial ineliminable me permito remitir al tratamiento en Vigo (2010).

Desde el punto de vista terminológico y conceptual, hay que contar aquí, pues, con diversos contrastes que marcan distinciones fundamentales, aunque en ocasiones de alcance sólo tendencial, dentro del vastísimo campo de fenómenos vinculados con la noción de "conciencia" (*Bewußtsein*), en su sentido más amplio y más general. Por una parte, se tiene la distinción entre los modos o las funciones de carácter teórico-constatativo y de carácter práctico o bien práctico-moral de la "conciencia". Por otra parte, hay que distinguir entre la "conciencia" (*Bewußtsein*), en el sentido de la "conciencia de algo", y la "autoconciencia" o "conciencia de sí" (*Selbstbewußtsein*), cada una de ellas, a su vez, con sus diversos posibles modos o funciones, los cuales presentan siempre o casi siempre un carácter combinado. En efecto, hay buenas razones para sostener tanto que toda "conciencia de algo" contiene necesariamente momentos o aspectos de carácter autorreferencial, como también, viceversa, que toda forma de "autoconciencia" o "conciencia de sí" involucra siempre, de uno u otro modo, determinados contenidos a los cuales queda referida, o bien, cuando menos, determinados contenidos sobre los cuales ella misma se encuentra, por así decir, encabalgada. Por último, dentro del ámbito específico de la "conciencia moral", en el sentido más amplio e indiferenciado de la expresión, hay que contar con la distinción entre "conciencia moral^{mB}" y "conciencia moral^{G}".

En lo que concierne específicamente a la "conciencia moral^{G}", que es el tema central que aquí nos ocupa, hay que decir que el tratamiento kantiano exhibe un conjunto de peculiaridades que explican tanto su indudable interés como también las no pocas dificultades que presenta. Como se verá, Kant tuvo perfectamente claro, desde un comienzo, que la "conciencia moral^{G}" constituye una forma peculiarísima de "autoconciencia" o "conciencia de sí", cuya singularidad plantea un serio desafío a la reflexión filosófica encaminada a esclarecer su estructura y sus funciones. Sin embargo, los intentos de elucidación llevados a cabo por Kant, reiterados a lo largo de un periodo de más de veinte años, no dieron lugar a un tratamiento específico unitario, sino que se encuentran dispersos en textos de diferentes épocas, destinados al tratamiento de una temática mucho más amplia. Por otra parte, esos reiterados intentos dejan ver, en diversos aspectos, una importante evolución, que conduce finalmente a una posición altamente elaborada, la cual guarda estrecha relación con motivos centrales de la concepción filosófica desarrollada en los principales escritos del periodo crítico.

Un primer tratamiento de las formas o funciones de la "conciencia moral[G]", el único que puede considerarse suficientemente específico y bastante detallado, se encuentra en la importante lección sobre filosofía moral de 1774-1775 (cf. *VM*). La lección no representa, sin embargo, la posición final de Kant sobre el asunto. Ésta se encuentra reflejada, más bien, en el escrito sobre la religión de 1793 (cf. *Religion*) y en la doctrina de la virtud de 1797 (cf. *Tugendlehre)*, y viene precedida por un largo y complejo desarrollo, cuyo inicio puede rastrearse, en lo que concierne a la elaboración de sus presupuestos sistemáticos, incluso hasta el escrito sobre la fundamentación de la moralidad de 1785, que inaugura el tratamiento de la esfera de moralidad en el periodo crítico (cf. *Grundlegung*).[5] En *VM* Kant lleva a cabo su exposición a modo de comentario de la ética de A. G. Baumgarten. En la exposición ofrecida en la lección se encuentran ya, por cierto, algunos de los puntos de partida de la concepción elaborada posteriormente, pero se echa notoriamente en falta el encuadramiento sistemático que caracteriza el enfoque propio del periodo crítico. En efecto, no aparece todavía la conexión sistemática con una concepción general de las facultades racionales y tampoco, en particular, con una concepción diferenciada de las funciones de la

5 Un intento de reconstrucción sistemática de la concepción kantiana de la "conciencia moral[G]", en su forma final de 1797, se encuentra en Heubült (1980). Por su enjundia, la monografía constituye un punto de referencia obligado, a pesar de que algunas de las tesis defendidas por el autor poseen un carácter altamente constructivo. Una reconstrucción unitaria de la concepción kantiana, que dedica especial atención también a los fallos y errores vinculados con la operación de la "conciencia moral[G]", se encuentra en Kazim (2017). Para una exposición de conjunto en nuestra lengua, puede consultarse Bilbeny (1994), quien, sin embargo, no considera todos los textos relevantes ni discute los problemas específicos que plantean tanto el desarrollo evolutivo como el peculiar enmarcamiento sistemático de la concepción elaborada por Kant. Una amplia discusión del tratamiento maduro de la "conciencia moral[G]", desde el punto de vista de las funciones reflexivas de la facultad del juicio, se encuentra en Torralba (2009) p. 382-422. Para una discusión de las metáforas fundamentales a partir de las cuales se orienta el tratamiento kantiano de las funciones de la "conciencia moral[G]", puede verse Tomasi (1999), una obra que proporciona toda una gama de indicaciones esclarecedoras, que iluminan aspectos relevantes del contexto histórico y sistemático en el que se inscribe la concepción kantiana. Una muy buena discusión de conjunto del empleo de la metafórica jurídica en el pensamiento de Kant, con especial atención a la figura del "tribunal de la razón", se encuentra ahora en Møller (2020). Para la "conciencia moral[G]" como "tribunal práctico interior", véase esp. cap. 6.

"facultad del juicio" (*Urteilskraft*). Como se verá, es una concepción de este tipo la que provee el marco sistemático específico en el cual se inscribe la posición elaborada por Kant en las últimas obras del periodo crítico. Sin embargo, antes de la tercera crítica, publicada en 1790 (cf. *KU*), Kant no había llevado a cabo un intento de tratamiento sistemático de las funciones de la facultad del juicio. A ello se añade, para hacer las cosas más complicadas aún, el hecho de que dicha obra tampoco reúne todo lo que Kant tiene para decir acerca de las funciones de esa peculiar facultad, de crucial importancia dentro de su concepción de conjunto. En efecto, para tener un cuadro más completo sobre la variedad de las funciones de la facultad del juicio, en sus diversos ámbitos de despliegue, hay que agregar a lo que contiene *KU*, cuando menos, también todo lo expuesto en los lugares relevantes de la primera crítica, de 1781 (cf. *KrV*, segunda edición de 1787), y la segunda crítica, de 1788 (cf. *KpV*). Contra lo que pudiera suponerse a primera vista, el material relevante disponible en ambas obras es bastante amplio y muy variado. Por su parte, el tratamiento de la "conciencia moral[G]" en las obras del periodo crítico presenta, como se dijo ya, un carácter mucho más episódico. En *Grundlegung* sólo se la menciona en un par de ocasiones, de modo meramente circunstancial (cf. p. 404, 422). Del mismo modo, en *KpV* se encuentra una única mención, que destaca, sin embargo, el carácter peculiarísimo de la "conciencia moral[G]", al caracterizarla como "esa maravillosa facultad ‹presente› en nosotros" (*dieses wundersame Vermögen in uns*) (cf. p. 98). Es, como se ha dicho ya, en *Religion* y *Tugendlehre* donde se encuentran los desarrollos específicos más importantes, los cuales, sin embargo, se apoyan en presupuestos sistemáticos elaborados en obras que no abordan el tema de modo específico.

En lo que sigue me limitaré a comentar los textos principales contenidos en *VM*, *Religion* y *Tugendlehre*, sin otra pretensión que la de ofrecer una interpretación que pueda servir como introducción a los aspectos fundamentales de la concepción elaborada por Kant. En dicha interpretación asumo que, aunque sujeta a una significativa evolución, la concepción kantiana presenta un desarrollo internamente consistente, que da lugar finalmente a un encuadramiento sistemático preciso. En tal sentido, y contra lo que se sugiere en ocasiones, creo posible sostener que la falta de un tratamiento sistemático conexo no debe verse aquí como el síntoma de lo que sería una falta de claridad final sobre el lugar de inserción de la "conciencia moral[G]" en el marco más amplio provisto por una concepción de conjunto acerca de las diversas funciones y los diversos ámbitos de despliegue de la facultad del juicio.

Capítulo 2

El análisis de la “conciencia moral^{G}” en *VM*

2.1. Observaciones preliminares

El texto de *VM* contiene una versión de la lección sobre filosofía moral que, con las variantes del caso, Kant reiteró muchas veces a lo largo de los años, desde 1764 en adelante y hasta comienzos de la década de 1790.[1] Como se sabe, Kant basaba dichas lecciones en el comentario a dos obras de Baumgarten: *Ethica philosophica*, publicada originalmente en 1740 y reeditada en 1751 y 1763 (cf. *EPh*), por un lado, e *Initia philosophiae practicae primae*,

1 Para los detalles relativos a la lección, el manuscrito y la edición del texto, véase el epílogo (*Nachwort*) de W. Stark en *VM* p. 371-407. Stark sugiere que la lección cuyo contenido refleja el manuscrito de J. S. Kaehler, datado en el semestre de verano de 1777 y empleado como base para la nueva edición crítica, pudo haber sido dictada en el semestre de invierno 1774-1775 o incluso ya en el semestre de invierno 1773-1774, aunque esto último resulta menos probable (cf. p. 402 ss.). La edición preparada por Stark reemplaza la de Menzer de 1924, basada en una colación de tres manuscritos diferentes (cf. *VE*), y la de G. Lehmann de 1974, que, aunque medio siglo posterior, pasa por ser menos confiable que la de Menzer (cf. *MPh Collins*). De la edición de Lehmann contamos, sin embargo, con una buena traducción española debida a R. Rodríguez Aramayo y C. Roldán Panadero, quienes consultan también la edición de Menzer y realizan sus propias anotaciones críticas (cf. Rodríguez Aramayo – Roldán Panadero [1988]). Como complemento al tratamiento de la “conciencia moral^{G}” en *VM* se puede consultar con provecho también los pasajes relevantes contenidos en *PPh Powalski*, una lección que data más o menos de la misma época, en la cual la referencia a las funciones de la “conciencia moral^{G}” aparece estrechamente conectada con la discusión del mandato del autoconocimiento o conocimiento de sí (*Selbsterkenntnis*) (cf. esp. p. 161 s., 194-201). La conexión atisbada aquí juega posteriormente, como se verá, un papel central también en el tratamiento de *Tugendlehre*. Sin embargo, como precedente inmediato de la concepción presentada en *Tugendlehre* hay que indicar, más bien, el tratamiento contenido en *MdS Vigilantius* (cf. esp. §§ 60-63, p. 572-576, y §§ 78-85, p. 613-620). Una muy informativa discusión del análisis kantiano de la “conciencia moral^{G}” en las lecciones sobre moral se encuentra en Lehmann (1974).

publicada en 1760 (cf. *IPhP*), por el otro. La división del contenido de la lección sigue, pues, el orden de la exposición realizada por Baumgarten.[2]

Así, la obra está dividida en dos partes. La primera está dedicada al tratamiento de nociones básicas del ámbito de la moralidad (*Sittlichkeit*), en general, tales como las de obligación (*obligatio*) u obligatoriedad (*Verbindlichkeit*) e imputación (*imputatio, Zurechnung*). En la medida en que son consideradas en sus diferentes posibles sentidos o modos (*vgr.* jurídico y moral, externo e interno), tales nociones forman parte del ámbito de competencia de lo que Baumgarten y Kant, siguiendo a C. Wolff, denominan una "filosofía práctica universal" (*philosophia practica universalis*) (cf. *VM* p. 3-103). La segunda parte, mucho más extensa, comprende todo lo que pertenece propiamente al desarrollo de la "ética filosófica", en el sentido que Baumgarten da al término (cf. p. 105-368). Como Kant explica en la introducción (cf. p. 105-114), a diferencia de la jurisprudencia (*Jurisprudenz*), la ética (*Ethik*) no se limita a considerar qué acción es externamente correcta o lícita (*recht*). Atiende, más bien, a la "bondad interna" (*innere Bonität*) de la acción, en conexión con la disposición moral de fondo (*Gesinnung*) del agente. En efecto, exige que dicha bondad interna provea al mismo tiempo el fundamento motivacional (*Bewegungsgrund*) de la acción, pues, sólo allí donde esta condición se cumple, puede la propia disposición moral de fondo del agente poseer ella misma una "bondad interna" (*innere Bonität der Gesinnung*) (cf. p. 105). La mera conformidad exterior de la acción con la norma no basta, por tanto, para garantizar su genuina "rectitud ética" (*rectitudo ethica*) (cf. p. 106). De lo que se trata aquí es, pues, del tipo específico de necesidad (*Notwendigkeit*) y obligatoriedad (*Verbindlichkeit*) que aparece intrínsecamente conectado con el valor propiamente moral de las acciones, actitudes, intenciones, etc., es decir, con su "bondad interna".[3] Sobre esta base, y siguien-

2 Para una tabla de correspondencias detallada, véase la presentación de W. Stark en *VM* p. 415 ss. Para una buena presentación de conjunto de la ética de Baumgarten, a modo de comentario y con un ojo puesto en su influencia sobre Kant, véase Osawa (2014), quien marca acertadamente tanto los aspectos de continuidad como aquellos que dan cuenta de la transformación, en ocasiones, radical, operada por la recepción kantiana.

3 En lo esencial, la división del contenido basada en la distinción entre el ámbito más amplio de la "filosofía práctica universal", por un lado, y, por el otro, el ámbito de las formas específicas de obligatoriedad.

do los lineamientos de una larguísima tradición de cuño iusnaturalista, que a través de Wolff y la Escolástica remonta hasta Cicerón, el tratamiento del contenido nuclear de la ética toma aquí la forma de una teoría de los "deberes" (*officia*, *Pflichten*), articulada en dos partes, a saber: una parte general, que opera con la distinción entre "deberes frente a uno mismo" (*officia erga te ipsum*, *Pflichten gegen sich selbst*) y "deberes frente a otros seres humanos" (*officia erga alia*, donde el neutro *alia* no debe hacer pensar que se tiene en vista "cosas", *Pflichten gegen andere Menschen*) (cf. p. 115-278), y una parte especial, que opera con la distinción entre "deberes referidos al alma" (*respectu animae*) y "deberes referidos al cuerpo" (*respectu corporis*), y en la cual se considera aquellos "deberes especiales" que en el tratamiento de Baumgarten, comentado por Kant de modo muy sumario y con ocasionales notas de distancia, hacen referencia a diferencias de edad, sexo, clase social, etc. (cf. p. 349-368).

Más claro aún, y sistemáticamente más relevante, es el distanciamiento de Kant respecto del lugar que asigna Baumgarten al tratamiento de la "religión" (*religio*), entendida en el sentido de "religión natural" (*natürliche Religion*). En efecto, Baumgarten sitúa dicho tratamiento al comienzo de la parte general de la teoría de los deberes, antes de la discusión de los dos tipos fundamentales de deberes, es decir, deberes frente a sí mismo y deberes frente a los demás. En su comentario, Kant mantiene esa ubicación y considera de modo bastante detallado el tratamiento de Baumgarten (cf. p. 115-168). Pero hace notar, desde el comienzo mismo, que el orden de tratamiento propuesto por Baumgarten es inadecuado: en la medida en que la religión natural no constituye una regla de la moralidad (*keine Regel der Moralität*), no debería ser tratada al comienzo, como si se tratara de un fundamento de la moralidad misma, sino, más bien, al final, puesto que se trata de su "sello" o "broche" (*das Siegel*) y concierne a la posible realización de la "perfección moral" (*sittliche Vollkommenheit*). Es, pues, la religión la que presupone la moralidad, y no viceversa, justamente en la medida en

correspondientes al derecho y la ética, respectivamente, provee el marco general de tratamiento al que sigue ateniéndose Kant posteriormente también en *MdS*.

que aquella no es otra cosa que la aplicación de la moralidad por referencia a Dios (*auf Gott angewandt*). En tal sentido, señala Kant, lo que constituye la religión es la conjunción de moralidad y teología, de modo tal que no hay genuina religión sin moralidad (cf. p. 114). Como se ve, en los tiempos de la lección Kant ya ha asumido la tesis según la cual la religión no puede ser convertida en el fundamento de la moralidad, aunque parece admitir todavía que forma parte inexcusable de la motivación propiamente moral. Basada en la distinción entre el principio de enjuiciamiento de la moralidad (*principium diiudicationis*) y su principio de ejecución (*principium executionis*), la posición de Kant vincula, en este momento del desarrollo de su concepción, las ideas de Dios y la inmortalidad del alma con el principio de ejecución y las convierte, de este modo, en motores de la moralidad. Como se sabe, tal posición parece vigente incluso hasta el tratamiento del "Canon" de *KrV*. Pero posteriormente, sobre todo a partir de la elaboración de la concepción de los "Postulados de la razón pura práctica" de *KpV*, es abandonada, en favor de una diferente, que convierte al propio principio de la moralidad en motor de las acciones dotadas de valor moral intrínseco. En todo caso, este punto puede ser dejado aquí de lado, porque no afecta de modo inmediato al tema que nos ocupa.

En lo que concierne concretamente a la "conciencia moral[G]", el tratamiento de Kant, siguiendo a Baumgarten, queda incluido en la parte dedicada a los deberes frente a uno mismo (cf. p. 188-197). Más precisamente, aparece inmediatamente a continuación del tratamiento del deber del justo aprecio hacia uno mismo (*Selbstschätzung*) (cf. p. 184-188) y antes del del deber del amor a sí mismo (*Selbstliebe, Eigenliebe*), en su sentido genuinamente moral, opuesto al egoísmo (cf. p. 198-202). En el tratamiento kantiano, la función de la "conciencia moral[G]" está conectada estructuralmente con la necesidad de dar cumplimiento a un cierto deber, y ello, en la medida en que el autoenjuiciamiento ante la propia conciencia, en el sentido de la "conciencia moral[G]", debe verse como un mandato constitutivo de la moralidad, dentro del ámbito de lo que concierne al recto modo de trato consigo mismo. En la versión final de la teoría kantiana de la virtud, tal como aparece expuesta en *Tugendlehre*, la referencia a la "conciencia moral[G]" y su función de autoenjuiciamiento aparece conectada, como se verá, con el deber del autoconocimiento (*Selbsterkenntnis*). En lo que sigue consideraré sucintamente el modo en el que Kant analiza en *VM* el carácter y las funciones de la "conciencia moral^G^". Para facilitar el seguimiento, dividiré el tratamiento en unos pocos apartados fundamentales.

2.2. La "conciencia moral^G^" como "instinto" o "impulso"

Un primer punto a destacar viene dado por la caracterización de la "conciencia moral^G^" como un "instinto" (*Instinkt*) o un "impulso" (*Trieb, Antrieb*), por oposición a lo que sería una mera "facultad" (*Vermögen*) (cf. *VM* p. 188 s.). Dicha caracterización no está presente en Baumgarten, quien se refiere a la "conciencia moral^G^", por el contrario, como una facultad (*facultas*) (cf. *EPh* § 175), de modo que con la introducción de la noción de instinto / impulso Kant está aquí, al mismo tiempo, corrigiendo la posición del autor comentado. No se sabe con certeza cuál puede ser la fuente en la que se inspira este peculiar empleo kantiano de la noción de instinto / impulso. G. Lehmann menciona a Crusius, quien elabora una teoría de la "conciencia moral^G^" como un "impulso" presente en nosotros a reconocer la ley divina y emplea incluso la expresión "impulso de la conciencia moral^G^" (*Gewissenstrieb*) (cf. *Anweisung* § 137 p. 166 s). En cualquier caso, Lehmann considera más probable que la fuente de Kant se halle en Rousseau, que pone en boca del vicario de Saboya una invocación a la conciencia como "instinto divino" (*instinct divin*) y "voz celeste e inmortal" (*immortelle et céleste voix*), que juzga infaliblemente sobre el bien y el mal y hace así a los hombres semejantes a Dios (cf. *Émile* IV p. 600 s.).[4]

Como quiera que sea, el recurso kantiano a la noción de instinto / impulso responde a razones sistemáticas claramente identificables. Éstas se vinculan, sobre todo, con la intención de enfatizar el hecho de que, en su activación y su función, la "conciencia moral^G^" no queda sujeta a nuestro

[4] Véase Lehmann (1974), p. 33.

arbitrio, a diferencia de lo que ocurre en el caso de aquellas "facultades" que merecen propiamente el nombre de tales: si fuera una facultad que quedara sujeta a nuestro arbitrio (*ein willkürliches Vermögen*), explica Kant, no se comprendería cómo podría constituir, al mismo tiempo, un tribunal (*Gerichtshof*) dotado del poder (*Macht*) necesario para obligarnos (*zwingen*) a juzgar (*urteilen*) y someter a juicio (*richten*), de modo no arbitrario (*unwillkürlich*), nuestras propias acciones, de modo tal de absolvernos (*lossprechen*) o condenarnos (*verdammen*) a nosotros mismos en nuestro fuero interno (*innerlich*) (cf. *VM* p. 101 s.; véase también p. 188 s.). En el caso de la "conciencia moral[G]" se trata, pues, de un instinto / impulso natural (*natürlich*), que puede ser cultivado o no, y que en ocasiones puede resultar debilitado (*geschwächt*) por causa de la falta de cultivo y el estado de abandono de nuestras ideas (*durch Verwilderung der Vorstellungen*), pero que, contra lo que opinan algunos, jamás podría proceder de la educación (*Erziehung*), sino que está siempre ya (*schon*) presente en nosotros (*in uns*), por naturaleza (*von Natur*) (cf. *PPh Powalski* p. 196).[5]

---

5 Wood (2008) p. 184 ha sugerido que la caracterización de la "conciencia moral[G]" como un instinto / impulso apuntaría a subrayar la peculiar función motivacional que ella cumple, en cuanto aparece asociada con el ámbito del sentimiento (*Gefühl*), de un modo comparable a lo que ocurre en el caso del respeto (*Achtung*). Knappik – Mayr (2013) p. 330 s., de quienes tomo la cita de Wood, señalan con acierto que difícilmente pueda ser ésa la intención del uso kantiano de la noción de instinto / impulso en las lecciones de la década de 1770, aunque la conexión con el ámbito del sentimiento y el paralelismo con el tratamiento del respeto sean centrales en la concepción que Kant presentará posteriormente en *Tugendlehre*, también en lo que concierne específicamente a la función motivacional. Personalmente, concuerdo con este diagnóstico. En tal sentido, me permito añadir que la conexión con el ámbito del sentimiento sólo adquiere un protagonismo central, como se verá más abajo, cuando Kant, habiendo dejado de lado la noción de instinto / impulso, retoma la caracterización de la "conciencia moral[G]" como una cierta facultad, más precisamente, como una forma peculiar de la facultad del juicio. Esto no puede sorprender demasiado, si se tiene en cuenta que la concepción tardía de Kant acerca de las funciones de la facultad del juicio pone en el centro mismo de la mira la conexión entre reflexión y sentimiento. La conexión con el ámbito del sentir no aparece, en cambio, en el primer plano, mientras Kant cree poder operar todavía con la noción de instinto / impulso. Es Fichte quien, al parecer, pudo atar aquí todos los cabos sueltos, ya que en su decidida radicalización de la posición alcanzada por Kant no sólo parte expresamente de la conexión entre facultad del juicio y sentimiento, sino que, además, recupera expresamente la noción de instinto / impulso. En efecto, Fichte introduce la noción de "instinto / impulso moral" (*moralischer Trieb*), en conexión directa con su análisis de las exigencias incondicionadas que emanan de la "conciencia moral[G]" (cf. Cf. *Sittenlehre* § 15, IV, p. 162 s. = *GA* I/5 p. 154 s.). Para una discusión más amplia de la posición de Fichte, me permito remitir al tratamiento en Vigo (2011b).

En este mismo sentido, en el tratamiento de *VM* Kant denomina a la "conciencia moral^G" un "instinto / impulso natural" (*natürlicher Antrieb*) (cf. p. 189). Más concretamente, se trata, como se dijo ya, de un instinto / impulso de "someterse a juicio a sí mismo según leyes morales" (*sich selbst nach moralischen Gesetzen zu richten*) (cf. p. 188; véase también *PPh Powalski* p. 196). Para comprender el alcance de esta caracterización, hay que atender a la diferencia que Kant establece entre el mero "juzgar" (*urteilen*) o "enjuiciar" (*beurteilen*), en el sentido de "formarse un juicio sobre algo" o "evaluarlo", por un lado, y el "someter a juicio", en el sentido de "someter a (una suerte de) proceso judicial" (*richten*), del cual se sigue una sentencia vinculante que debe ser acatada y cumplida en sus efectos, por el otro.[6] En el caso concreto del análisis de la función de la "conciencia moral^G", Kant combina la mencionada distinción con la distinción ya señalada entre lo que sería una mera facultad de uso voluntario, por un lado, y un instinto / impulso no sujeto a arbitrio, por el otro. Así, tenemos la facultad de enjuiciarnos (*beurteilen*) a nosotros mismos según leyes morales y podemos valernos de ella a placer (*nach Belieben*) (cf. *VM* p. 189), no en el sentido de determinar caprichosamente el resultado de tal evaluación, sino, más bien, en el sentido de poder decidir libremente en cada caso si hemos o no de llevarla a cabo. En cambio, la "conciencia moral^G" se nos presenta como una suerte de "poder impulsivo" (*treibende Gewalt*) que nos fuerza a comparecer ante la sede judicial (*vor den Richterstuhl*), incluso contra nuestra voluntad (*wider unseren Willen*), para dar cuenta de la legitimidad (*Rechtmässigkeit*) o ilegitimidad (*Unrechtmässigkeit*) de nuestras acciones. En este caso, no se trata, pues, ni de una mera facultad (*Vermögen*) ni de un mero enjuiciamiento (*Beurteilung*), sino de una suerte de proceso judicial: el juez (*Richter*) no se limita a juzgar con validez (*valide urteilen*), sino que puede hacer que su juicio conforme a la ley tenga ejecución (*Ausführung*). Su juicio (*Urteil*) no

6 Para comprender mejor el alcance de la contraposición, conviene tener en cuenta que la expresión alemana *richten* tiene el sentido básico de "dirigir", "enviar (poner) en un cierta dirección", "enderezar". El juez no se limita a enjuiciar, en el sentido de formarse un juicio sobre el caso en el que entiende, sino que, además, da sentencia de modo vinculante y, de ese modo, (re)introduce un cierto orden en las cosas sobre las que juzga, precisamente, en la medida en que su sentencia tiene determinados efectos, tanto allí donde absuelve como allí donde condena.

sólo es jurídicamente valido (*rechtskräftig*), sino que su sentencia, además, castiga (*strafen*) o absuelve (*lossprechen*) (cf. p. 189).

2.3. La "conciencia moral[G]" y su mero "análogo" técnico-prudencial

Ya en el tratamiento de *VM* Kant se preocupa de trazar una clara línea divisoria entre el plano correspondiente a la reflexión de carácter estrictamente moral, por un lado, y el correspondiente a diversas formas del razonamiento técnico o prudencial, que, en la medida en que dan lugar a ciertas formas de autoenjuiciamiento y autorreproche, suelen confundirse con aquélla, por el otro (cf. p. 190). Se trata, como nadie ignora, de una preocupación que juega un papel central también en los escritos del periodo crítico, como lo muestra el énfasis puesto en el carácter absolutamente incondicionado de las exigencias morales, que toman la forma de imperativos categóricos, frente a las exigencias de tipo técnico o prudencial, que sólo pueden dar lugar a diversos tipos de imperativos hipotéticos (cf. esp. *Grundlegung* p. 413 ss.).

En el tratamiento de *VM*, el punto de partida para el contraste que Kant intenta establecer viene dado, justamente, por la existencia de fenómenos de autoevaluación y autoenjuiciamiento, ya sea en términos de autoelogio o bien autorreproche, que, contra lo que pudiera parecer a primera vista, no responden a motivos de naturaleza moral, sino, más bien, a consideraciones de carácter puramente técnico, estratégico o prudencial. En estos casos, el autoelogio y el autorreproche se rigen por las reglas de la astucia (*Regel der Klugheit*), y no por los principios de la moralidad. Lo que se tiene aquí es, por tanto, un mero "análogo" de la "conciencia moral[G]" (*Analogon des Gewissens*), que carece, como tal, del rasgo fundamental que distingue a esta última, a saber: el alcance irreductiblemente moral, y ajeno a todo otro tipo de consideración, del autoenjuiciamiento que posibilita. Kant explica el punto por medio del ejemplo de un delincuente que espera ser ajusticiado: éste puede reprocharse, del modo más amargo, el haber sido tan poco cuidadoso o astuto en sus acciones como para haber podido ser descubierto, pero tal autorreproche no reviste un carácter moral, en la medida en que a través de él el criminal no se distancia de sus propias intenciones o acciones criminales. De modo semejante, el peculiar tipo de arrepentimiento (*Reue*) que se presenta con frecuencia en el lecho mortuorio a menudo no pasa de ser un mero reproche de falta de astucia y, por lo mismo, no constituye expresión de genuino autodistanciamiento, en el sentido de la toma de distancia respecto de lo que se reconoce un comportamiento contrario a los principios de la moralidad (cf. p. 190). Tal tipo de autorreproche tampoco alcanza verdaderamente el nivel propio de la moralidad allí donde responde al temor frente a lo que se cree pudiera ser un castigo ulterior, en razón del juicio divino. En todos estos casos, lo que se tiene son, pues, meros "reproches de la astucia" (*Vorwürfe der Klugheit*) (cf. p. 191). El carácter propio de la moralidad aparece tan sólo allí donde el autorreproche y el autodistanciamiento se fundan en el rechazo y la repugnancia (*verabscheuen*) frente a los propios vicios (*Laster*): sólo de quien siente (*fühlt*) la repugnancia (*Verabscheulichkeit*) de un hecho, sin importar sus consecuencias, puede decirse propiamente que "tiene conciencia", en el sentido específico que remite al tipo de enjuiciamiento que hace posible la "conciencia moral[G]" (cf. p. 190 s.)

Desde el punto de vista que atiende al problema vinculado con la estructura de la conciencia errónea y la posibilidad de la genuina autotransparencia, lo que el contraste entre la conciencia, en el genuino sentido práctico-moral, y su mero análogo técnico-prudencial permite ilustrar de modo especialmente nítido es el hecho de que no todo fenómeno de autodistanciamiento facilita una genuina transparencia sobre las propias acciones, pues ésta, para ser tal, debe alcanzar también al plano de sus motivaciones últimas, y no quedar restringida al plano de la mera articulación técnica de medios a fines. Como ya lo vio claramente Platón (cf. *Gorgias* 466a-468e), en situación de autoengaño del agente respecto de su propio bien real, la competencia técnico-prudencial para llevar a cabo sus propósitos se transforma ella misma en vehículo del autoengaño, en la transición que va desde el plano de los fines al de los medios, a través de una suerte de difusión de dicho autoengaño que se monta sobre la estructura causal subyacente: si el agente considera erróneamente algo como bueno y, sobre esa base, lo toma como un fin deseado al que ha de encaminar sus acciones, tanto la averiguación de los medios conducentes a dicho fin como su posterior implementación quedan sujetas al mismo error de evaluación, en la medida en que presuponen la referencia a aquello que, considerado como bueno, provee el fin al que apuntan los procesos deliberativos y las acciones resultantes. En efecto, si X, considerado como bueno (deseable), es tomado como fin, y si Z se revela en la deliberación como causalmente conducente a X, es decir, como medio idóneo para alcanzar X, entonces Z necesariamente será considerado también como bueno (deseable), al menos, en la medida en que puede ser tomado como medio para alcanzar X.[7] Los "reproches de la astucia" que Kant pone como ejemplo en su tratamiento del "análogo" técnico-prudencial de la "conciencia moral[G]" no constituyen expresiones de modos radicales de autodistanciamiento, fundados en el autoenjuiciamiento por referencia a las exigencias derivadas de los principios de la moralidad, sino que su alcance autocrítico queda limitado exclusivamente al plano que concierne a la deliberación relativa a los medios más idóneos y los caminos más seguros para alcanzar determinados fines, que se consideran deseables por razones que o bien no tienen nada que ver con la esfera de la moralidad o bien no podrían superar la prueba de un examen crítico en el cual se echara mano de pautas de enjuiciamiento que hacen referencia a exigencias estrictamente morales. Bajo tales condiciones, el autoenjuicimiento y la autocrítica no dan lugar a un verdadero autodistanciamiento y, con ello, tampoco abren la posibilidad de una genuina transparencia del agente sobre sí mismo. Por el contrario, el agente que se autorreprocha con arreglo a lo que prescriben meras reglas de la astucia puede estar, en la misma medida en que se autorreprocha, tanto más inconmovíblemente instalado en una identificación sin fisuras consigo mismo bajo la forma de una conciencia errónea de sí, fundada en una inadecuada representación de su propio bien real.

[7] Para el desarrollo de este punto, me permito remitir a la discusión en Vigo (2007), donde se llama la atención también sobre la correspondencia de las estructuras teleológicas y causales avistadas por Platón con las que tiene en la mira también Kant en su concepción de los imperativos hipotéticos.

2.4. La función judicial de la "conciencia moral[G]"

Ahora bien, la astucia nos reprocha (*macht uns Vorwürfe*), mientras que la "conciencia moral[G]", explica Kant, además, nos acusa (*klagt uns an*) (cf. p. 191). Aquí aparece el énfasis que Kant pone en el carácter propiamente "judicial" de la función que desempeña "conciencia moral[G]". De ello se siguen algunas consecuencias fundamentales. En primer lugar, Kant enfatiza que la acusación (*Anklage*) de la conciencia no está sujeta a nuestra voluntad (*Wille*) y, por lo mismo, tampoco puede ser simplemente rechazada. El rechazo de la acusación y de los remordimientos no es prueba de fortaleza de alma, sino, más bien, de vileza o perversidad (*Ruchlosigkeit*), o bien de lo que en sede teológica se conoce como la "ofuscación" (*Verstockung*) de la "conciencia moral[G]" (cf. p. 191 s.). Por otra parte, quien se opone a la sentencia de la "conciencia moral[G]", como quien se opone a la sentencia de un juez, adquiere el carácter de "rebelde" (*Rebell*), incurre en rebelión, a lo que se añade el hecho, para reforzar aún más el paralelismo, de que, al igual que el juez, la "conciencia moral[G]" sólo puede condenar y castigar o bien absolver, pero nunca premiar (*belohnen*) (cf. p. 192). Por último, en el caso de establecer la culpabilidad por una acción moralmente indebida, la sentencia de la "conciencia moral[G]" no se limita simplemente a amonestar, ya que en el *forum humanum* el mero arrepentimiento no es suficiente, sino que se exige, en la medida de lo posible, también la debida reparación: la "culpa" o "deuda" (*Schuld*) no queda satisfecha con el simple arrepentimiento (*Reue, Bereuen*), sino sólo con el correspondiente pago (*Bezahlen*). Esto es algo que deberían tener en cuenta también, y muy especialmente, piensa Kant, los predicadores que dan atención espiritual a los moribundos, pues lo que no resulta aceptable en el *forum humanum* menos aún podría serlo en el *forum divinum*. La experiencia muestra, sin embargo, que, en el lecho mortuorio, rarísima vez, si acaso alguna, los seres humanos piensan en su deber de reparar el daño causado a otros, además de eventualmente lamentarlo y arrepentirse (cf. p. 192 s.).

2.5. El tribunal de la "conciencia moral[G]"

Con el fin de ilustrar de modo más preciso la función judicial propia de la "conciencia moral[G]", Kant introduce en el tratamiento de *VM* la imagen tradicional del "foro interior" (*forum internum*), un modelo interpretativo del que se vale, de modo continuado, hasta 1797, cuando formula la versión final de su posición. La imagen del "foro interior" o "tribunal interior" apunta a individualizar los diferentes aspectos que deben ser tomados en cuenta, a la hora de explicar la posibilidad de la peculiar forma de conciencia de sí que representa la "conciencia moral[G]", con arreglo al modo en que ésta lleva a cabo su función específica. En primer lugar, 1) hay en cada uno de nosotros un "acusador" o "fiscal" (*Ankläger*), que encarna o representa una "ley", que, como tal, ya no pertenece a la propia "conciencia moral[G]", sino que reside en la "razón" (*Vernunft*), y cuya corrección (*Richtigkeit*) y pureza (*Reinigkeit*) no podemos negar: se trata de la "ley moral" (*moralisches Gesetz*), que, como una "ley santa e intangible" (*als ein heiliges und unanzutastendes Gesetz*), oficia de fundamento (*liegt zum Grunde*) en nosotros, en tanto somos seres humanos (*dem Menschen*). En segundo lugar, 2) hay en nuestro interior un "abogado defensor" (*Advokat*), que representa el "amor propio" (*Eigenliebe*) y opone todos los reparos que tenga a mano contra la acusación del fiscal, con el fin de desactivar o mitigar sus reproches. Por último, 3) hay en cada uno de nosotros también un "juez" (*Richter*), que nos absuelve o condena, y que no puede ser engañado (*verblenden*): ciertamente, puede ocurrir en ocasiones que no llevemos a cabo ninguna indagación por medio de la "conciencia moral[G]" (*Gewissensuntersuchung*), pero, allí donde la llevamos a cabo, el juez juzga de modo imparcial (*unparteiisch*) y su juicio cae de ordinario del lado de la verdad, salvo en el caso excepcional de que el agente, por las razones que fuere, posea falsos principios (*falsche principia*) de la moralidad (cf. p. 193). Es cierto, explica Kant, que en situaciones normales se suele prestar más atención al defensor, mientras que la voz del acusador se hace más presente en el lecho de muerte. Pero lo decisivo es que a una "conciencia moral[G]" que pueda valer como "buena" (*gutes Gewissen*) pertenece, ante todo, la pureza de la ley, que es la condición elemental para que el enjuiciamiento (*Beurteilung*) de las acciones pueda tener la debida corrección (*Richtigkeit*). A ello debe añadirse, además, la actitud atenta o vigilante (*wachsam*) del acusador en todas nuestras acciones y, finalmente, también la autoridad (*Autorität*) y la fuerza (*Stärke*) de la "conciencia moral^G", en lo concerniente a la ejecución (*Exekution, ausführen*) del juicio conforme a la ley (*Urteil nach dem Gesetz*) (cf. p. 193). Dicho de otro modo: la "conciencia moral^G" no puede ser meramente especulativa (*bloß spekulativ*), sino que debe contener también principios de la actividad (*principia der Tätigkeit*), en virtud de los cuales posee el prestigio (*Ansehen*) y la fuerza (*Stärke*) necesarios para garantizar la ejecución de su juicio, a través de la correspondiente sentencia (*Ausspruch*) (cf. p. 193 s.).

A la luz de esta presentación, se advierte ya claramente por qué razón Kant caracterizará finalmente la "conciencia moral^G" como una peculiar forma o función de la facultad del juicio. Todo el vocabulario empleado remite a las actividades del enjuiciamiento (*beurteilen, Beurteilung*) y el juicio (*urteilen, Urteil*). Pero, además, la reconstrucción deja en claro, desde un comienzo, que se trata aquí de funciones restringidas al ámbito de la aplicación, y no de funciones propiamente legislativas. Continuando una larga tradición, Kant asume que la "conciencia moral^G" no puede representar el origen último de las exigencias de la moralidad, el cual ha de buscarse, más bien, en la razón. Lo que la "conciencia moral^G" hace posible y lleva a cabo no es más que un peculiar tipo de enjuiciamiento de las propias intenciones y acciones particulares por parte del agente individual, a la luz de las exigencias universales de la moralidad y desde la perspectiva propia de la primera persona. Dicho de otro modo: se trata aquí un peculiar tipo de autoenjuiciamiento, a la luz de las exigencias universales de la moralidad, que, como tal, sólo puede tener lugar sobre la base de los correspondientes principios de la moralidad.

2.6. Falibilidad en el ámbito del autoenjuiciamiento moral

En el tratamiento de *VM*, Kant distingue expresamente entre una "conciencia moral[G]" *errónea* (*irrendes Gewissen*) y una *correcta* o *acertada* (*richtiges Gewissen*), y admite entonces la posibilidad de dos tipos de error a los que eventualmente puede quedar sujeta la "conciencia moral[G]", a saber: el "error de hecho" (*error facti*) y el "error de ley" (*error legis*). Por otro lado, dichos errores pueden ser "errores culpables" (*errores culpabiles*) o bien "errores no culpables" (*errores inculpabiles*) (cf. p. 194). Como se verá más adelante, en el tratamiento de *Tugendlehre* Kant modifica su posición en este punto y declara expresamente que algo así como una forma errónea de la "conciencia moral[G]" constituye un sinsentido (*ein Unding*) (cf. p. 401). Sobre el preciso alcance de esta modificación volveré más abajo. En cualquier caso, en el tratamiento de *VM* Kant se orienta todavía a partir de las distinciones establecidas por Baumgarten (cf. *EPh* § 177), las cuales se inscriben en una larga tradición, dentro de la cual el empleo de la noción de una "conciencia errónea" no parecía plantear dificultades insuperables.

Por su parte, en lo que concierne a los dos tipos de error que Kant menciona, el tratamiento de la "conciencia moral[G]" de *VM* sigue la línea trazada ya en la previa discusión de la noción de imputación (*imputatio, Zurechnung*), donde se distingue, de igual modo, entre la "imputación de hecho" (*imputatio facti*) y la "imputación de ley" (*imputatio legis*) (cf. p. 87 ss.).[8] El punto central del tratamiento de la imputación basado en tal distinción consiste en poner de relieve el hecho de que la imputación de ley (por

---

8 Para una detallada reconstrucción de conjunto de la teoría kantiana de la imputación en nuestra lengua, véase Sánchez Ostiz (2008) esp. caps. II-IV. Para el tratamiento de la distinción entre "imputación de hecho" e "imputación de ley", véase esp. cap. III, p. 71 ss., 147 ss. La distinción entre "error de hecho" y "error de ley" remonta, en último término, hasta el tratamiento aristotélico de la imputación, en conexión con el caso de las así llamadas "acciones involuntarias por ignorancia". En efecto, Aristóteles distingue aquí entre la "ignorancia particular", referida a las marcas situacionales de la acción, y la "ignorancia en la elección", referida a los principios morales más generales, y señala expresamente que la segunda no puede ser considerada en modo alguno como factor excluyente o atenuante de responsabilidad, pues no es causa de involuntariedad, sino, más bien, de maldad (*mochthería*) (cf. *Ética a Nicómaco* III 2, 1110b18-1111a6). Como se verá enseguida, en el tratamiento de *VM* Kant enfatiza este mismo aspecto, en conexión directa con la discusión de la posibilidad de error en el ámbito de operación de la "conciencia moral[G]".

ejemplo, la imputación de homicidio) sólo puede tener lugar sobre la base de la correspondiente imputación de hecho (por ejemplo, la imputación de muerte, es decir, de haber matado a alguien), de modo tal que ambas formas de imputación concurren necesariamente, allí donde se trata del enjuiciamiento moral o jurídico destinado a establecer el mérito (*meritum, Verdienst*) o demérito (*demeritum, Schuld*) de una determinada acción o conducta (cf. p. 88). En cualquier caso, el error no afecta del mismo modo a ambos tipos de imputación. Kant admite que puede haber casos donde la imputabilidad puede quedar afectada o incluso anulada por errores que conciernen tanto a aspectos vinculados con el hecho y sus consecuencias, como también a aspectos vinculados con la ley, al menos, allí donde se trata de la ley positiva. Rechaza, en cambio, enérgicamente que la imputabilidad pudiera quedar de algún modo afectada o disminuida, allí donde se trata de la ley moral, tal como ésta se emplea en el autoenjuiciomiento que lleva a cabo el "juez interior", es decir, la "conciencia moral^G". Ciertamente, consideraciones relativas a la inmadurez, a los efectos de ciertas alteraciones del estado de conciencia, al papel motivacional de determinadas tendencias innatas o adquiridas, a la fuerza motivacional de la costumbre y, en general, a la fragilidad humana (*fragilitas humana, infirmitas humana*) pueden contar ocasionalmente como atenuantes del grado de imputabilidad, pero ello sólo allí donde se juzga las acciones de otros hombres, mientras que jamás deben hacerlo, en cambio, en el caso del autoenjuiciamiento moral, tal como se lleva a cabo en foro interno (cf. p. 93-100).

Ahora bien, Kant concede que la "conciencia moral^G" obliga siempre, incluso allí donde pudiera ser errónea. En efecto, quien obra según su propia "conciencia moral^G" puede muy bien producir acciones erradas (*fehlerhaft*), si se da el caso de que el juicio de su "conciencia moral^G" resulta él mismo erróneo. En tal caso, explica Kant, tales acciones erróneas no le pueden ser imputadas simplemente como delitos (*zum Verbrechen*). Sin embargo, en el ámbito correspondiente al juicio de la "conciencia moral^G", no todo error exime de responsabilidad: los hay culpables y no culpables. En particular, Kant enfatiza que nadie puede estar en error en lo que concierne a la "obligatoriedad natural" (*natürliche Verbindlichkeit*), por la sencilla razón de que las "leyes morales naturales" (*die natürlichen moralischen Gesetze*) no le pueden ser desconocidas a nadie, ya que tienen su asiento en la propia razón del sujeto que puede ser moral o jurídicamente imputado. Por lo mismo, en lo concerniente a tales leyes no puede haber un error que pudiera valer como no culpable, a diferencia de lo que ocurre en el caso de las leyes propias del ordenamiento jurídico positivo (cf. p. 194). Así, ninguna "conciencia moral[G]" *informada*, es decir, aquella que basa su juicio en una norma positiva, sea jurídica o religiosa, puede oponerse a la "conciencia moral[G]" *natural*, es decir, a aquella que basa su juicio en la ley moral natural: la ley positiva (*das positive Gesetz*) no puede contener nada que sea contrario a la ley moral natural (*das natürliche* ‹sc. *moralische*› *Gesetz*), de modo que nadie, ni la iglesia ni la ley positiva, puede disculpar a aquel que obra en contra de lo que le indica la ley moral natural (cf. p. 194). Por tanto, el recurso al error de la "conciencia moral[G]" no dispensa de su responsabilidad al agente, por mucho que el error se pueda cargar eventualmente en la cuenta de aquélla, y ello, por la sencilla razón de que también hay que dar cuenta de los propios errores (cf. p. 194 s.). Éstos, en efecto, sólo pueden contar realmente como errores no culpables bajo condiciones muy determinadas.

2.7. Naturalidad y sobrenaturalidad de la "conciencia moral[G]"

Como el peculiar tipo de instinto / impulso moral que representa, toda "conciencia moral[G]" es, a juicio de Kant, "natural", de modo que hablar, como hace Baumgarten, de una "conciencia moral[G] natural" (*natürliches Gewissen*), para oponerla probablemente a lo que sería una "conciencia moral[G] revelada" (*geoffenbartes Gewissen*), es redundante y, además, potencialmente confuso (cf. p. 195). Sin embargo, la esencial naturalidad de la "conciencia moral[G]" no impide que la ley moral que le subyace pueda ser considerada, desde el punto de vista que atiende a su origen último, como "sobrenatural" (*übernatürlich*) e incluso como "revelada" (*geoffenbart*). Considerada de este modo, vale decir, en atención a la relación que mantiene con la ley moral que la trasciende y de la cual depende en sus funciones, la "conciencia moral^G", explica Kant, representa el "tribunal divino en nosotros" (*göttlicher Gerichtshof in uns*), y ello por tres razones diferentes, pero conectadas, a saber: en primer lugar, 1) porque la "conciencia moral^G" juzga nuestras acciones y nuestras "disposiciones morales" (*Gesinnungen*) según la "santidad" (*Heiligkeit*) y la "pureza" (*Reinigkeit*) propias de la ley moral; además, 2) porque no podemos engañarla, lo que equivale a decir que la "conciencia moral^G" goza de una peculiarísima inmunidad frente a los diversos dispositivos de autoengaño autoinducido, al menos, en el sentido de que, en virtud de su carácter instintivo / impulsivo, tarde o temprano termina por anunciarse; por lo mismo, 3) porque no somos capaces de escapar de ella de modo definitivo. Por todo esto, la "conciencia moral^G" puede verse legítimamente como el "representante" (*Stellvertreter*) del "tribunal divino en nosotros" (cf. p. 195).

Por otra parte, puesto que, en definitiva, la "conciencia moral^G" posee siempre ella misma un carácter natural, no hay lugar tampoco, en rigor, para un pretendido contraste entre lo que sería una "conciencia moral^G natural" (*conscientia naturalis*), por un lado, y, por el otro, una "conciencia moral^G artificial" (*conscientia artificialis*), que, como tal, representara un mero resultado de la mediación cultural, más precisamente, una mera "obra del arte y de la educación" (*ein Werk der Kunst und der Erziehung*), cuya voz se rigiera entonces pura y exclusivamente por la costumbre (*Gewohnheit*). Si se afirmara el carácter artificial de la "conciencia moral^G", se debería asumir, argumenta Kant, que quien no hubiera recibido la correspondiente educación y práctica (*Übung*) debería estar exento también de sus remordimientos (*Gewissensbisse*), cosa que, por cierto, no es el caso (cf. p. 195). Más bien, hay que admitir que, por naturaleza (*von Natur*), tenemos ya (*schon*) una cierta (pre)disposición (*Anlage*),[9] en la cual se apoyan ulteriormente el arte

[9] En una muy útil nota al pasaje (cf. *VM* p. 195 n. 127), W. Stark señala que, por su origen, la noción de "(pre) disposición" (*Anlage*) empleada aquí (véase también p. 397, 446) remite al ámbito biológico, al igual que la de "semilla(s)" (*Keim(e)*), empleada anteriormente en un sentido comparable (cf. p. 132: *Keim des Guten*, "semilla del bien"). Para ilustrar el empleo biológico del término, Stark remite un pasaje del ensayo sobre las razas humanas de 1775, donde se establece expresamente la conexión entre "semillas" (*Keime*) y "(pre)disposiciones naturales" (*natürliche Anlagen*) (cf. *RM* p. 434). La referencia a tales "(pre)disposiciones

(*Kunst*) y la instrucción (*Unterweisung*) que la llevan a su perfeccionamiento (*Fertigkeit*). Por lo mismo, debemos poseer de antemano el conocimiento del bien y el mal (*Erkenntnis des Guten und Bösen*), si es que la "conciencia moral^G" ha de poder juzgar nuestros actos (cf. p. 195 s.), pues dicha función judicativa presupone ya, como se vio, la familiaridad con los principios de la moralidad. En tal sentido, a diferencia de lo que ocurre con el entendimiento (*Verstand*), no hay lugar para hablar propiamente de la posibilidad de "cultivar" (*kultivieren*) la "conciencia moral^G" (cf. p. 196), como si se pudiera, a través de la educación y la habituación, orientarla en una dirección diferente de aquella a la que ella misma apunta naturalmente. En tal medida, la "conciencia moral^G" sólo puede ser "natural" (cf. p. 196), nunca "artificial".

2.8. Temporalidad, transparencia, virtud

Respecto de la vinculación que, como órgano de la posible transparencia de la acción en lo que concierne a su cualidad específicamente moral, la "conciencia moral^G" mantiene con la estructura temporal de la acción misma, el tratamiento de Kant sigue tendencias dominantes en las concepciones más tradicionales. En efecto, en el análisis de las funciones de la "conciencia moral^G", Kant otorga cierta prioridad al punto de vista retrospectivo, aunque enfatiza, al mismo tiempo, que la "conciencia moral^G" opera también de modo sincrónico y prospectivo. Vale decir: la "conciencia moral^G" lleva a cabo su peculiar función de enjuiciamiento tanto "antes" (*vor*) como también "en" o "durante" (*in*) y "después" (*nach*) de la acción o el hecho (*Tat*) (cf. p. 196). Su operación se hace, sin embargo, más notoria allí donde se trata de

naturales" para la moralidad aparece también en los escritos del periodo crítico (cf., por ejemplo, *Grundlegung* p. 430: *Anlagen zu größerer Vollkommenheit*; *KpV* p. 163: *moralische Anlage unserer Natur*, citados por Stark). Para el recurso kantiano a la noción de "disposición natural" en la caracterización de "conciencia moral^G", véase también Tomasi (1999) p. 54-63. Como a nadie escapa, Kant se hace eco aquí de una temática que reconoce una larguísima tradición, que remonta, a través de la escolástica y la patrística, hasta la ética estoica, con su concepción relativa a las así llamadas "semillas (innatas) de las virtudes" (*semina [innata] virtutum*) (cf., por ejemplo, Cicerón, *De finibus* V 19; *Tusculanae Disputationes* III 2). Para la recepción kantiana de algunos de estos motivos, también en conexión con la doctrina de la *oikeíōsis*, véase Vigo (2016), donde se menciona también buena parte de la literatura especializada más relevante.

acciones ya realizadas. Hay aquí, piensa Kant, un fenómeno de intensidad creciente, que es paralelo a la decreciente fuerza motivacional de los apetitos y deseos fundados en la inclinación, a medida que van siendo satisfechos. En efecto, sin perder nunca del todo su fuerza (*kräftig*), la "conciencia moral^G" se anuncia de modo más débil antes de la acción, de modo más fuerte durante la acción y con máxima fuerza después de ella (cf. p. 196). Tras la satisfacción de los deseos pasionales más intensos, tiene lugar el arrepentímiento (*Reue*), pues es entonces cuando la conciencia se anuncia del modo más fuerte. Pero con el solo arrepentimiento no están cumplidas aún las exigencias de la "conciencia moral^G", pues lo que ella demanda es que se dé debida satisfacción a lo que prescribe la ley moral (cf. p. 196 s.).

Como se ve, Kant intenta hacer justicia aquí a la capacidad que tiene la fuerza motivacional de los deseos apetitivos y las pasiones para influir distorsivamente sobre el juicio particular del agente. En efecto, sometido a dicha influencia, éste puede escoger ocasionalmente aquello que, en general, vale decir, cuando no se encuentra bajo la influencia de tales deseos o pasiones, él mismo cree que debería evitar, por considerarlo malo o peor que otra cosa. Como a nadie escapa, el punto se conecta, de modo inmediato, con el fenómeno tradicionalmente identificado con el nombre de "incontinencia" (*akrasía, incontinentia*) o también de "debilidad del querer" (*weakness of the will*). En la medida en que admite la posibilidad de que, bajo la influencia de los deseos apetitivos y las pasiones, el agente actúe en ocasiones en contra de sus propias creencias acerca de lo que sería correcto o mejor hacer, Kant parece adoptar aquí una posición que está en línea con la elaborada originalmente por autores clásicos como el Platón maduro (cf. esp. *República* IV 436b-c, 439c-d; *Fedro* 256a-e) y Aristóteles (cf. esp. *Ética a Nicómaco* VII), y retomada posteriormente en la corriente principal del pensamiento cristiano antiguo y medieval, tal como adquiere su expresión más influyente en la síntesis elaborada por Tomás de Aquino (cf. *Summa Theologiae* II-II, q. 155-156; véase también I-II, q. 77).

Ahora bien, más allá de esta orientación general compartida con el tratamiento platónico y aristotélico de la incontinencia, puede decirse que, en su concepción de la virtud, Kant adopta una posición que, en aspectos determinantes, resulta mucho más afín a las tesis básicas del pensamiento cristiano. Más concretamente, Kant se distancia de toda posición que pretenda defender la posibilidad de alcanzar efectivamente una posesión completa o perfecta de la virtud, en razón de la cual tuviera lugar una identificación sin residuo del agente moral con la correspondiente "Idea" (*vgr.* la virtud misma) y con el "Ideal" que la representa en concreto (*vgr.* la figura del virtuoso), tal como lo sugiere, por ejemplo, la representación estoica del sabio. En efecto, a juicio de Kant, el sabio estoico no puede ser más que una representación ideal, que, como tal, no puede existir más que en el pensamiento.[10] Hasta donde sé, no hay declaraciones igualmente nítidas respecto del caso del virtuoso aristotélico. Pero todo parece indicar que Kant, cuyo conocimiento de los textos aristotélicos distaba de ser suficientemente detallado, habría adoptado una posición semejante, en caso de haber podido evaluar adecuadamente algunos rasgos característicos de la concepción aristotélica, por ejemplo, allí donde se trata del contraste entre la virtud propiamente dicha, por caso, la "templanza" o "moderación" (*sophrosýne*), por un lado, y la mera "continencia" (*enkráteia*), por el otro. En efecto, Aristóteles asume que sólo se está en presencia de genuina virtud, allí donde el agente ya no experimenta ningún tipo de conflicto interior desde el punto de vista motivacional, de modo tal que no necesita vencerse o controlarse a sí mismo, a fin de poder obrar del modo que corresponde en cada caso al comportamiento virtuoso. Más aún: el virtuoso aristotélico no sólo no necesita controlar sus apetitos y pasiones, sino que, ya antes de decidir y obrar, apetece y desea únicamente en congruencia con los patrones de racionalidad propios de la virtud, de modo tal que rechaza o incluso aborrece todo aquello que no es congruente con dichos patrones de racionalidad.[11]

---

10 Para el sabio estoico como un mero "Ideal", es decir, como un "ser humano que existe sólo en el pensamiento" (*ein Mensch, der bloß in Gedanken existiert*), justamente, en la medida en que se identifica completamente con la "Idea" de la sabiduría (... *aber mit der Idee der Weisheit völlig kongruiert*), véase *KrV* A 569 / B 597. Para el contraste entre Idea (*Idee*) e Ideal (*Ideal*), en general, véase esp. *KU* § 17.

11 Para el modo en el que la posesión de la virtud moldea, según Aristóteles, los apetitos y deseos del agente, véase, por ejemplo, *Ética a Nicómaco* II 2, 1104b3-13; V 1, 1129a6-10; véase también *Ética a Eudemo* II 2, 1220a34-37. Desde el punto de vista que atiende a la presencia o ausencia de conflicto motivacional, Aristóteles establece un contraste entre los casos del temperante o moderado y el intemperante, por un lado, y

Así, frente a la contundente declaración aristotélica según la cual el hombre virtuoso (*ho spoudaîos*), como aquel que es capaz de "ver" (*horân*) lo verdadero (*tò alethés*) en cada situación particular de acción (*en hekástois*), constituye una suerte de "canon y medida" (*kanòn kaì métron*) del obrar correcto (cf. *Ética a Nicómaco* III 6, 1113b31-33), Kant habría debido insistir en señalar que, al igual que en el caso del sabio estoico, se está en presencia aquí de lo que no puede ser más que una representación ideal, con la que ningún agente particular podría pretender legítimamente identificarse. La utilidad e incluso la inevitabilidad, reconocida expresamente por Kant,[12] del recurso a tales representaciones ideales, empleadas como pautas de enjuiciamiento de las realidades comparadas con ellas, no sólo no autoriza, sino que, más bien, excluye, por principio, su identificación con las realidades enjuiciadas en cada caso por referencia a ellas.

Por lo mismo, y en abierta oposición frente a cualquier tentación de estilización idealizante, en su concepción de la virtud Kant se esfuerza en todo momento por enfatizar el papel ineliminable que corresponde al elemento de autocontrol presente en toda disposición virtuosa que resulte realmente alcanzable para el agente humano. En efecto, ya en la presentación de *VM*, el "señorío sobre sí mismo" (*Oberherrschaft über sich selbst*), que permite sujetar a una regla el elemento rebelde presente en todo individuo humano, como el populacho (*Pöbel*) presente en un Estado, aparece elevado a la categoría de condición subjetiva (*subjektive Bedingung*) del ejercicio de los deberes frente a sí mismo, el cual constituye, a su vez, la condición bajo la cual únicamente resulta posible también el ejercicio de los deberes frente a los demás (cf. p. 202 ss.). Por ello, puede decirse incluso que el "dominio de sí" (*Herrschaft über sich selbst*) constituye el más alto deber frente

el continente y el incontinente, por el otro. En tal sentido, son la virtud y el vicio las que, paradójicamente, se asemejan entre sí, en la medida en que ambas excluyen la presencia de fenómenos de conflicto interior. En efecto, tanto el virtuoso como el vicioso desean y actúan, según Aristóteles, en conformidad con los patrones de enjuiciamiento que se derivan de la concepción del bien que cada uno de ellos ha hecho suya, aunque cuando dichas concepciones del bien se oponen diametralmente entre sí. Para una discusión más amplia de estos aspectos de la concepción aristotélica, me permito remitir al tratamiento en Vigo (1999) esp. p. 351 ss.

12 En este sentido, véase las importantes observaciones metódicas realizadas por Kant en la introducción a la doctrina del "Ideal de la razón pura", *KrV* A 567-570 / B 595-599.

a sí mismo (*die höchste Pflicht gegen sich selbst*), justamente, en la medida en que representa la "condición suprema" (*die oberste Bedingung*) del ejercicio de los deberes frente a sí mismo (cf. p. 203). En consonancia con este énfasis sobre el papel decisivo e ineliminable del componente de autocontrol, que delata al mismo tiempo la presencia siempre latente de la posibilidad de conflicto motivacional, en la presentación final de su teoría de la virtud en *Tugendlehre* Kant caracteriza a *toda* virtud de la cual es capaz el ser humano, haciendo alusión a las connotaciones propias del término latino *virtus*, en términos de "valentía moral" o "fortaleza moral" (*fortitudo moralis*). En tal sentido, la virtud constituye la "capacidad" (*Vermögen*) y el "propósito deliberado" (*überlegter Vorsatz*) de ofrecer la debida resistencia (*Widerstand*) al enemigo de nuestra disposición moral interior (*sittliche Gesinnung*), que habita también en nosotros (*in uns*) (cf. *Tugendlehre* p. 380).[13]

2.9. Diversas formas de la "conciencia moral[G]"

Kant cierra el tratamiento de la "conciencia moral[G]" en *VM* con unas breves referencias a algunas de sus principales formas defectivas, tal como éstas han sido tratadas tradicionalmente en el ámbito de la filosofía moral y también de la teología moral. Partiendo del supuesto de que la "conciencia moral[G]", en tanto instinto / impulso natural, está siempre de algún modo presente, hay que admitir, sin embargo, que la fuerza y la eficacia de su llamado pueden quedar mitigadas, incluso de un modo que va mucho más

13 Véase también *Tugendlehre* p. 405, donde los vicios (*Laster*) que surgen de disposiciones contrarias a las exigencias derivadas de la ley moral son comparados con aquellos "monstruos" (*die Ungeheuer*) con los que el ser humano debe luchar en su propio interior: la "fuerza moral" (*sittliche Stärke*) constituye, pues, una peculiar especie de "fortaleza" o "valentía" (*fortitudo, Tapferkeit*), que representa para el ser humano el mayor "honor militar" posible, y el único verdadero (*die größte und einzige wahre Kriegsehre*). Esta forma de fortaleza o valentía se identifica, a la vez, con la "sabiduría práctica" (*praktische Weisheit*), en la medida en que hace suyo el fin último (*Endzweck*) de la existencia del ser humano sobre la tierra. Su posesión, explica Kant, es la única que hace al ser humano libre, sano y rico, como un verdadero rey. Para la caracterización de la virtud en términos de fortaleza de ánimo y lucha interior contra las inclinaciones contrarias a las exigencias de la moralidad, véase las indicaciones de Lehmann (1979) esp. p 64 ss., quien considera también los aspectos vinculados con la evolución de la concepción kantiana.

allá de lo meramente ocasional, por causa de diversos factores subjetivos. En el presente contexto de tratamiento, Kant menciona tres formas defectivas principales.

La primera de ellas corresponde a la llamada "conciencia moral^G" de tipo meramente *concomitante* (*conscientia concomitans, begleitendes Gewissen*). Se trata de aquella que queda reducida a una función cuasi-liminar de mero acompañamiento, privado de toda eficacia, por causa del ejercicio reiterado de lo que no es conforme al deber y del consiguiente acostumbramiento al vicio, tal como ocurre, por caso, con el hábito de fumar tabaco. El proceso de progresivo debilitamiento de la voz de la "conciencia moral^G" lleva, primero, a su pérdida de toda autoridad y, finalmente, al cese de la acusación misma, ante la reiterada falta de sentencia efectiva por parte del tribunal (cf. *VM* p. 197).

La segunda forma defectiva corresponde al caso en el que la "conciencia moral^G" adquiere un carácter *micrológico* (*mikrologisches Gewissen*). Esta deformación del recto ejercicio del autoexamen ante la "conciencia moral^G" consiste en concentrarse en el examen pretendidamente sutil de una infinidad de cuestiones casuísticas de poca o ninguna monta (*Kleinigkeiten*), por caso, si se puede engañar a alguien para hacerle una broma en el "día de los inocentes", o si en determinados actos de protocolo se debe o no realizar tal o cual acción, etc. A mayor meticulosidad y sutileza en estas cuestiones menores, menor eficacia tendrá la "conciencia moral^G" en el ámbito de aquello que resulta verdaderamente relevante, desde el punto de vista genuinamente moral. La concentración en cuestiones de carácter puramente especulativo suele ser aquí, explica Kant, la coartada que sirve para dejar la puerta abierta en otros ámbitos mucho más importantes (cf. p. 197). Se trata, como se echa de ver, de una situación que caracteriza la actitud propia del fariseísmo, consistente en "colar el mosquito y tragarse el camello" (cf. Mateo 23, 24).

Finalmente, la tercera forma defectiva corresponde a la "conciencia moral^G" que adquiere un carácter *gravoso* o *melancólico* (*schwermütiges Gewissen*), que es lo opuesto exactamente a una "conciencia moral^G" verdaderamente *viva* o, si se prefiere, *vivaz* (*lebendes Gewissen*). Una conciencia afectada de este modo es la que busca en todas las acciones que uno lleva a cabo algo malo que poder imputar, aunque no haya en ellas nada realmente reprochable. Esto no sólo es innecesario. Constituye, además, una grave perversión de la "conciencia moral[G]", en la medida en que ésta no debe tomar la figura de un tirano (*Tyrann*) que habita en nosotros. Por el contrario, la vivacidad propia de una genuina "conciencia moral[G]" debe ser compatible con una espontánea alegría (*heiter*) en las acciones. Ello es así por razones que resultan relevantes tanto desde el punto de vista psicológico-motivacional, como también desde el punto de vista propiamente moral. En efecto, quienes se atormentan por causa de una "conciencia moral[G]" que no cesa jamás de reprocharles terminan completamente agotados y, entonces, suelen "dar vacaciones" (*Ferien geben*) a su "conciencia moral[G]" (p. 197).

Capítulo 3

La caracterización de la “conciencia moral[G]” en *Religion*

En el escrito sobre la religión de 1793 Kant presenta lo que denomina una “doctrina filosófica de la religión” (*philosophische Religionslehre*), de base puramente racional. Ella expone un conjunto de condiciones apriorísticas que configuran, por así decir, el núcleo puro de racionalidad que el “credo” (*Glaube*) de una determinada religión revelada debe necesariamente contener en sí, si es que ha de poder considerarse él mismo como dotado de carácter racional. Como nadie ignora, Kant piensa que, dentro del vastísimo paisaje de las religiones históricas, sólo el cristianismo, como religión esencialmente moral, está en condiciones de satisfacer plenamente tales condiciones y exigencias. Por lo demás, como se vio ya con ocasión del tratamiento de *VM*, desde el punto de vista de la razón, la religión aparece en la concepción de Kant intrínsecamente vinculada con la dimensión de la moralidad. En la aceptación de la existencia de una conexión intrínseca entre religión, entendida en el sentido de “religión natural”, y moralidad, Kant sigue a una larga tradición que desemboca en autores que lo precedieron inmediatamente, como Baumgarten y otros representantes del racionalismo ilustrado. Sin embargo, al hacerla suya, Kant reformula drásticamente, desde el punto de vista metódico, el alcance de esta concepción heredada, puesto que ya no coloca la religión como fundamento de la moralidad. Más allá de otras variaciones de detalle, la posición fijada de este modo en *VM* se mantiene inalterada posteriormente y proporciona uno de los puntos de partida del modo en el que Kant considera la religión en las obras del periodo crítico, incluido el propio escrito de 1793.

No hace falta decir que no resulta posible llevar a cabo aquí una discusión de conjunto de la concepción elaborada por Kant en *Religion*, que, como nadie ignora, contiene, entre otras cosas, la famosa e influyente teoría relativa a la dualidad de principios motivacionales irreconciliables que habitan en la naturaleza misma del ser humano, esto es, la tendencia al bien y también la tendencia al mal, en el sentido preciso de lo que Kant denomina el "mal radical" (*das radikale Böse*). En lo que sigue me limito, pues, exclusivamente a comentar de modo muy breve el tratamiento de la "conciencia moral^G^" contenido en el § 4 de la parte IV de la obra (cf. *Religion* p. 184-190), el cual, a pesar de su concisión y su carácter más bien ocasional, presenta, como se verá, novedades importantes desde el punto de vista sistemático.[1]

3.1. El marco de tratamiento

Tras explicar en la parte III de *Religion* cómo es posible y en qué consiste el "triunfo" (*Sieg*) del "principio bueno" (*das gute Prinzip*) sobre el "principio malo" (*das böse Prinzip*), cuyo antagonismo en el interior de la naturaleza humana se había discutido previamente en las partes I y II, Kant aborda en la parte IV la cuestión de los diferentes modos en los que, en concreto, se presta servicio a dicho "principio del bien", y ello, en primer lugar, a través de la institución eclesiástica. En este contexto, y en conexión directa con la discusión del principio del Papado, se incluye, en lugar estratégicamente fijado, el tratamiento de la "conciencia moral^G^". Con vistas a dicho marco general de tratamiento, la "conciencia moral^G^" no es tematizada en este caso de modo meramente abstracto o general, sino, de modo más específico, en su función "guía" o "hilo conductor" (*Leitfaden*) en los "asuntos de fe" (*Glaubenssachen*). En tal sentido, no se trata, por cierto, de pretender "guiar" o

1 Para la temática general del escrito y los principales aspectos de la concepción elaborada por Kant, puede verse los trabajos reunidos en Höffe (2011). Se puede consultar también con provecho los comentarios de conjunto ofrecidos por Michalson (2014) y Palmquist (2016).

"conducir" (*leiten*) a la "conciencia moral[G]", sino, por el contrario, de explicar el modo en el cual ella misma puede servir (*dienen*) de guía en aquellas decisiones de alcance moral que mayores dificultades presentan (*in den bedenklichsten moralischen Entschließungen*) (cf. p. 184).

3.2. Certeza como deber de conciencia

La "conciencia moral[G]", explica Kant, es un modo de "ser consciente" (*Bewußtsein*), que por sí mismo (*für sich selbst*) constituye un deber (*Pflicht*) (cf. p. 184). Con esto se vincula un principio moral básico (*moralischer Grundsatz*), que, como tal, no necesita prueba alguna, a saber: no se debe arriesgar a hacer nada corriendo el peligro (*auf die Gefahr wagen*) de que resulte ser algo ilícito (*unrecht*) (cf. p. 185). Se trata del principio que, en su formulación tradicional, establece a modo de advertencia: "¡no hagas aquello de lo cual dudas!" ("*quod dubitas, ne feceris!*") (cf. Plinio el Joven, *Cartas* I 18, 5). De aquí se sigue, inversamente, que la conciencia (*Bewußtsein*) de que una acción (*Handlung*) que se pretende emprender es lícita (*recht*) representa un "deber incondicionado" (*unbedingte Pflicht*) (cf. p. 185 s.). Se trata, sin embargo, de un deber de carácter particular, en cuanto concierne exclusivamente a las acciones concretas que efectivamente se quiere llevar a cabo, lo cual explica que deba verse como referido exclusivamente a la "conciencia moral[G]". En efecto, el juicio relativo a si una determinada acción es lícita o no pertenece, como tal, al entendimiento (*Verstand*), y no a la "conciencia moral[G]". Pero no es necesario saber, en general, si cualquier posible acción es lícita o ilícita. En cambio, con respecto a aquellas acciones que se pretende efectivamente llevar a cabo, no es posible limitarse a juzgar y opinar que no son ilegítimas, sino que, además, hay que tener certeza (*gewiß sein*) de ello. Esta exigencia (*Forderung*) de certeza concerniente a licitud moral de las acciones que se pretende llevar a cabo constituye, por tanto, un "postulado" (*Postulat*) de la "conciencia moral[G]", y se opone al principio del "probabilismo" (*Probabilismus*), según el cual la mera opinión (*bloße Meinung*) de que una acción podría ser lícita resultaría ya suficiente para poder emprenderla (cf. p. 186).

Desde el punto de vista que atiende al contexto histórico y polémico de la concepción presentada en *Religion*, el rechazo kantiano del probabilismo constituye una toma de posición dirigida específicamente contra la concepción elaborada originalmente por el teólogo salmantino Bartolomé de Medina (1527/1528-1580) y adoptada posteriormente, en diversas variantes, por teólogos jesuitas como Luis de Molina (1535-1600) y otros. La doctrina fue severamente criticada por los representantes del jansenismo, que veían en ella el punto de partida de una deriva casuística de carácter laxista. Los abusos del probabilismo en el ámbito de la teología moral fueron denunciados también por Pascal.[2] En esta misma línea se sitúa Kant en el pasaje comentado, al adoptar una posición netamente rigorista como la que adquiere expresión a través del postulado de la "conciencia moral[G]". Por otra parte, como nadie ignora, con esta posición Kant apunta al mismo tiempo, en el contexto de *Religion*, a poner de relieve la prioridad de la "conciencia moral[G]", en razón de su misma indelegabilidad e inviolabilidad, frente a los aspectos que conciernen a la organización institucional de la religión, es decir, frente a todo aquello que constituye la iglesia, en su dimensión pública. A tal fin, Kant discute con bastante detalle el caso modelo de un inquisidor que debiera condenar a un presunto hereje, que es acusado de incredulidad, pero que, por lo demás, se comporta como un buen ciudadano, de modo que no habría más razones para condenarlo que su falta de fe. El argumento de Kant consiste aquí en señalar que si el inquisidor, basado en su propia fe revelada, condenara a muerte al presunto hereje, estaría revelando de ese modo su propia falta con respecto al debido ejercicio de

2 Para una caracterización del concepto de probabilismo, su origen y su desarrollo en el ámbito de la teología moral, véase Mahoney (1997). Una presentación de conjunto del probabilismo, sus principales variantes y su desarrollo se encuentra en Schüßler (2005), quien defiende, además, la persistente relevancia sistemática de la doctrina de origen escolástico. Véase también Schüßler (2019) y especialmente (2020a), donde se aborda más específicamente la conexión entre probabilismo y casuística, en el ámbito que concierne a los llamados "casos de conciencia". Para el problema de la duda en asuntos morales desde la Escolástica hasta Pascal, véase Franklin (2015) p. 64-101; véase también Simmert (2017), quien considera en detalle las posiciones de Medina y Pascal. Para la crítica de Kant al probabilismo véase Schüßler (2020b), quien marca también algunos aspectos de continuidad.

la "conciencia moral^G" (*Gewissenlosigkeit*), por la sencilla razón de que su acción contravendría el postulado que exige certeza sobre la licitud de la acción que se pretende llevar a cabo. En efecto, el propio carácter histórico, y no apodíctico, de la Revelación impide estar seguro de que una acción semejante pudiera corresponder realmente a la voluntad de Dios, por mucho que algunos pasajes de los textos revelados pudieran dar pábulo a dicha suposición. Inversamente, se puede estar completamente seguro de que la acción de matar a un ser humano inocente por causa de sus creencias religiosas contraviene el mandato de la moralidad, por tratarse de una acción intrínsecamente injusta (cf. *Religion* p. 186 s.).[3]

Como se echa de ver, el recurso al "postulado" de la "conciencia moral^G" sirve aquí como "guía" de una reflexión que permite poner de manifiesto el carácter ilícito de una acción que pretende ilegítimamente avasallar la libertad religiosa de un tercero. No importa aquí en lo más mínimo que quien pretende llevar a cabo esa acción ocupe circunstancialmente la posición de un juez eclesiástico o aparezca investido de alguna otra potestad semejante. Lejos de apuntar a validar una posición intervencionista, el rechazo rigorista del probabilismo en materias moralmente relevantes tiene en el contexto del tratamiento de *Religion*, ante todo, consecuencias de carácter limitativo respecto del propio obrar por parte del agente individual, con independencia de la posición de autoridad o cargo institucional este pudiera detentar.[4] De modo más general, se puede decir, pues, que la toma de conciencia de las propias dudas en materias morales relevantes puede cumplir ocasionalmente una importantísima función correctiva, en el marco

3 Para una discusión más amplia del punto y las implicaciones de la posición fijada por Kant, véase Flikschuh (2011) p. 206 ss. Para un buen tratamiento de conjunto del papel que desempeña el motivo de la duda moral en la concepción de *Religion* véase Meld Shell (2009) p. 186-211. Una iluminadora discusión del caso del inquisidor en conexión con las funciones de la "conciencia moral^G" se encuentra en La Rocca (2020).

4 Kant extiende el punto a la imposibilidad de forzar por vía de autoridad / potestad la aceptación de determinados artículos de fe: sólo se puede forzar la hipocresía, pero no la aceptación interior veraz, que es la única que cuenta (cf. *Religion* p. 187 ss.). La verdad, efectiva o supuesta, de tales artículos de fe no puede proporcionar jamás una justificación para la imposición de su aceptación, por la sencilla razón de que la verdad de lo creído (*Wahrheit im Geglaubten*) puede coexistir perfectamente con la falta de veracidad de parte de quien se presenta como creyente (*Unwahrhaftigkeit im Glauben*), una actitud que resulta ella misma (*an sich*) condenable (*verdammlich*), desde el punto de vista moral (cf. p. 187).

del proceso deliberativo acerca de lo que en cada caso es lícito o no hacer. En tal sentido, la exigencia de certeza tiene en este caso, sobre todo, el significado de un mandato incondicionado de autolimitación, epistémicamente fundado, al que necesariamente debe acogerse la "conciencia moral[G]", a la hora de elaborar su juicio sobre una situación particular moralmente relevante. Se tiene aquí, como se echa de ver, una consecuencia de central importancia sistemática, con independencia del particular contexto histórico y polémico en el cual queda inserto el rechazo kantiano del probabilismo.

3.3. "Conciencia moral[G]" y facultad del juicio

La conexión de la función de la "conciencia moral[G]" con la exigencia de certeza contenida en el correspondiente postulado viene exigida, sin duda, por razones de carácter sistemático. No menos cierto es, sin embargo, que encuentra respaldo, ya antes de toda reflexión temática, en el empleo habitual del lenguaje. En efecto, en el alemán salta a la vista la conexión semántica entre las nociones de "(estar) cierto" (*gewiss* [*sein*]) y "certeza" (*Gewissheit*), por un lado, y la noción de "conciencia moral[G]" (*Gewissen*), por el otro. Se trata de términos que, al igual que el empleado para designar el "saber" (*Wissen*), remiten por su origen a formas presente-perfectivas de verbos que en el alemán antiguo significan "ver", "atisbar", y que derivan etimológicamente de la misma raíz indoeuropea que los verbos *eído* / *oîda*, en griego, y *video*, en latín, esto es, la raíz **vid* / **veid*. Como es sabido, la noción de "ver" da origen en estas lenguas, tomada en su forma presente-perfectiva, a la noción de "saber", entendida en términos del estado que deriva de un previo "haber visto", esto es, el "tener visto", y dotada, por tanto, de un sentido eminentemente resultativo. Esto explica que, en el caso de nociones como "saber", "estar cierto" y "certeza", la connotación básica sea de éxito, en la medida en que los términos correspondientes remiten a un resultado ya alcanzado. Lo mismo vale, en el caso del alemán, para el término que designa a la "conciencia moral[G]". En tal sentido, cuando en *Religion* Kant caracteriza la "conciencia moral[G]" como un modo peculiar de "ser consciente" (*Bewußtsein*), la implicación tácita es, desde el comienzo, que la misma noción de "conciencia moral[G]" trae consigo una carga semántica de carácter resultativo, en el sentido antes señalado. En este punto, el caso de la "conciencia moral[G]" resulta comparable, pues, a lo que ocurre con la propia noción de "saber", pues también ésta posee el mismo carácter resultativo, en virtud del cual se convierte, a la vez, en una noción de éxito. En efecto, la noción de "saber", tanto en el sentido del "saber que" (*know that*; *wissen, dass*) como en el del "saber cómo" (*know how*; *wissen, wie*), se emplea tan sólo allí donde se pretende adscribir una disposición epistémica que contiene en sí necesariamente el componente del acierto, más precisamente, del acierto no azaroso, en sus diversas posibles formas, y que excluye, por tanto, al menos, en principio, la posibilidad del error. De modo análogo, atribuir a alguien "conciencia moral[G]" supone dar a entender que acierta en su juicio moral particular, y ello, al igual que en el caso del "saber", de un modo que no puede ser meramente azaroso. Hay buenas razones, pues, para pensar que son estas conexiones las que llevan a Kant, en el proceso de autoaclaración que va desde *VM* hasta *Tugendlehre*, a revisar su posición inicial, que, como se vio, admitía la existencia de algo así como una "conciencia moral[G]" que fuera, como tal, errónea. Como se verá más adelante, en *Tugendlehre* dicha tesis tradicional, que Kant toma del tratamiento llevado a cabo por Baumgarten, es rechazada de plano, como sencillamente absurda. Desde este punto de vista, la asociación estructural establecida en *Religion* entre la "conciencia moral[G]" y la exigencia de certeza conectada con el correspondiente postulado debe verse como un primer paso en dirección de la posición que aparece formulada de modo expreso en *Tugendlehre*.

Como quiera que sea, desde el punto de vista sistemático, la pregunta más relevante en el presente contexto es la que se refiere al modo en el que Kant caracteriza el tipo peculiar de certeza que aparece necesariamente conectado con el acto de la "conciencia moral[G]". Este punto es clave, porque, en su explicación Kant, introduce, por primera vez de modo expreso, la conexión estructural entre "conciencia moral[G]" y "facultad del juicio", y ofrece, además, una caracterización más precisa del modo en el que se lleva a cabo el acto de la "conciencia moral[G]", a través de una operación de carácter reflexivo que se despliega, por así decir, en una "doble dirección" de ejecución, a saber: tanto en la dirección "objetiva", que concierne a la materia moralmente relevante que se toma en consideración en cada caso, como también, y sobre todo, en la dirección "subjetiva", que concierne al modo mismo en el que se lleva a cabo la correspondiente tarea de reflexión y determinación. Veamos ahora el punto de modo algo más detallado.

En conexión inmediata con la defensa del postulado de la "conciencia moral[G]" y el rechazo del probabilismo, Kant explica que la "conciencia moral[G]" se puede definir también como "la facultad del juicio moral que se enjuicia (y se endereza) a sí misma" (*sich selbst richtende moralische Urteilskraft*) (cf. *Religion* p. 186). Con ocasión de la discusión del tratamiento de *VM* se vio ya que Kant distingue netamente, en el plano de la terminología, entre el mero "juzgar" (*urteilen*) o "enjuiciar" (*beurteilen*), en el sentido de "formarse un juicio sobre algo" o "evaluarlo", por un lado, y el "someter a juicio", en el sentido de "someter a (una suerte de) proceso judicial", del cual se sigue una sentencia vinculante que debe ser acatada y cumplida en sus efectos (*richten*), por el otro. La nueva caracterización de la "conciencia moral[G]" ofrecida en *Religion* apela, pues, de modo consciente al mismo vocabulario de carácter judicial que se empleaba ya en *VM*. Sin embargo, la explicación ofrecida en *Religion* no apunta tanto a marcar el carácter vinculante de las consecuencias de tal tipo de enjuiciamiento, algo que obviamente no se pone en absoluto en cuestión, sino, más bien, a aclarar el modo preciso en el cual el enjuiciamiento por parte de la "conciencia moral[G]" tiene lugar.

En tal sentido, Kant explica que no es la propia "conciencia moral[G]" la que juzga las acciones como "casos" (*Kasus*) que caen bajo la ley (*unter dem Gesetz stehen*), ya que esta tarea pertenece a la razón (*Vernunft*), en tanto posee carácter subjetivo-práctico (*subjektiv-praktisch*). De aquí deriva, explica Kant, la temática vinculada con los así llamados "casos de conciencia" (*casus conscientiae*) y la elaboración de una "casuística" (*Kasuistik*), que cumple la función de una suerte de "dialéctica" (*Dialektik*) de la "conciencia moral[G]" (cf. p. 186). En cambio, en el caso del juicio que corresponde a la propia "conciencia moral[G]", la razón (*die Vernunft*), explica Kant, se enjuicia y endereza a sí misma (*richtet sich selbst*), y ello con respecto a una cuestión muy precisa, a saber: la de si ha llevado a cabo o no con toda "precaución" o todo "cuidado" (*mit aller Behutsamkeit*) el enjuiciamiento de las acciones (*Beurteilung der Handlungen*), con vistas a establecer si son lícitas o ilícitas (*recht oder unrecht*). Por medio de este peculiar tipo de autoenjuiciamiento, la razón pone al ser humano (*der Mensch*) como testigo (*zum Zeugen*), ya sea en contra o en favor de sí mismo (*wider oder für sich selbst*), respecto de si ha cumplido tal exigencia de enjuiciamiento de las propias acciones de modo debidamente cuidadoso (cf. p. 186).

La explicación ofrecida aquí por Kant, por momentos poco menos que telegráfica en razón de su concisión, contiene varios puntos que reclaman aclaración, pues podrían ser fácilmente malentendidos. Ante todo, conviene precisar el sentido de la afirmación según la cual el enjuiciamiento de las acciones como casos que caen bajo la ley no es tarea de la "conciencia moral^G", sino, más bien, de la razón, en tanto posee carácter subjetivo-práctico. A primera vista, tal afirmación podría resultar sorprendente, si se tiene en cuenta que las tareas de hallar la regla para un caso dado y de subsumir el caso bajo una regla dada corresponden, en la concepción kantiana, a la "facultad del juicio", en su función reflexionante y determinante, respectivamente, y no a la razón misma. Ahora bien, una lectura atenta del pasaje no puede dejar dudas de que este peculiar empleo del vocabulario, de carácter más bien ocasional, tiene un objetivo específico, pues apunta a poner de relieve el aspecto que interesa aquí de modo central. Dicho aspecto concierne al carácter expresamente autorreferencial que adquiere la reflexión, allí donde se trata de la operación de la "conciencia moral^G", como tal: a la hora de caracterizar el peculiar tipo de enjuiciamiento que tiene lugar en este caso, Kant enfatiza, sobre todo, el papel de lo que he llamado la "dirección subjetiva" de consideración, por la sencilla razón de que es ella la que posee un claro predominio dentro del contexto de reflexión en el que opera la "conciencia moral^G" misma. Sin embargo, ya el simple hecho de que en la propia caracterización de la "conciencia moral^G" Kant hable de una "facultad del juicio que se enjuicia (y endereza) a sí misma" muestra con suficiente claridad que la "facultad del juicio" opera aquí, como no podría ser de otro modo, también en la "dirección objetiva" de consideración, haciendo posible la subsunción del caso bajo la ley. La única salvedad importante es, sin embargo, la de que sólo en virtud del añadido de la segunda dirección de consideración, vale decir, de la "dirección subjetiva", se llega a estar en presencia de lo que Kant llama propiamente la "conciencia moral[G]".[5]

Si esto es así, el particular énfasis puesto en la importancia de la "dirección subjetiva" de consideración no pretende ni podría pretender sugerir que la "dirección objetiva" no jugara aquí un papel relevante, como si pudiera ser dejada de lado en una reflexión que, precisamente, debe aspirar, en cada caso, a ser todo lo cuidadosa que resulte posible. Muy por el contrario, el papel que corresponde a la reflexión autorreferencial propia de

---

5 En una amplia y detallada discusión del pasaje, Schmidt – Schönecker (2014a) p. 280 ss. sugieren que la referencia de Kant a la razón en el apretado pasaje de *Religion* apunta, siquiera de modo elíptico, a un modelo de tres niveles, en el cual, además de los dos niveles de reflexión ya mencionados, Kant tiene en vista también el nivel que corresponde a la determinación de la voluntad por medio de la razón. La razón es caracterizada aquí, explican los autores, aquí como "subjetivo-práctica", precisamente, porque se trata de un enjuiciamiento que lleva a cabo el sujeto individual con referencia a las acciones particulares que considera realizar (cf. p. 281 s.). Se tendría, según esto, los siguientes tres niveles de consideración: 1) la razón (es decir aquí, el intelecto) juzga (sobre la base de la operación de la facultad del juicio) si la acción del caso es (o no) moralmente lícita; 2) la razón subjetivo-práctica "se hace cargo" o "acoge" (*übernehmen*) el enjuiciamiento (*Beurteilung*) realizado en 1), llevando a cabo la correspondiente determinación de la voluntad; y 3) la "conciencia moral[G]" exige al agente que considere si la determinación de la voluntad llevada a cabo en 2) fue realizada con el necesario cuidado. Desde el punto de vista textual, la reconstrucción se apoya en entender el verbo "hacerse cargo" o "acoger" (*übernehmen*) como referido al sentido resultativo de la noción de "enjuiciamiento", y no a su sentido activo: la razón subjetivo-práctica "acoge" el resultado del enjuiciamiento llevado a cabo por el intelecto (la razón) y "se hace cargo" de él, al determinar la voluntad del modo correspondiente (véase también Schmidt – Schönecker [2014b] p. 230 ss). Desde el punto de vista textual, la construcción es, probablemente, forzada, porque busca extraer de la expresión "hacerse cargo" o "acoger" un sentido muy preciso, que no parece jugar ningún papel en el contexto. Es muy dudoso, en efecto, que Kant pudiera estar describiendo aquí la determinación de la voluntad, de modo altamente elíptico, en términos de la noción de "hacerse cargo" o "acoger" el enjuiciamiento del intelecto (la razón). Por otra parte, resulta impreciso y potencialmente confuso sostener que lo que la "conciencia moral[G]" considera o exige considerar es si la determinación de la voluntad en correspondencia con el dictamen de la razón (el intelecto) se *ha llevado a cabo* o no con el debido cuidado. La expresión perfectiva no permite dar cuenta aquí adecuadamente del hecho elemental, expresamente reconocido por Kant, de que la operación de la "conciencia moral[G]", por caso, allí donde se ejerce de modo prospectivo, es decir, al deliberar con vistas a una decisión particular de acción, constituye ella misma una condición antecedente de la determinación del querer, si es que éste ha de ser moralmente correcto, y no un acto sobreviniente que recae sobre tal determinación. Lo que la explicación de Kant tiene en vista en este pasaje parece ser un modelo bastante más simple, que apunta a poner de relieve, en el plano de la reconstrucción conceptual, los requerimientos objetivos y subjetivos, de carácter antecedente, que debe cumplir la determinación del querer, en el sentido preciso de una decisión de acción particular que pueda contar como un modo de obrar en el cual agente obra de decide y actúa en conformidad con lo que le exige su "conciencia moral[G]".

la "conciencia moral[G]" queda caracterizado aquí en términos de una mera modificación adverbial de la actividad básica que corresponde a la determinación de la licitud o ilicitud de la acción particular del caso. Se trata, en efecto, de llevar a cabo la tarea de establecer la licitud o ilicitud de la acción "con toda precaución", y ello de modo tal que el agente individual queda, al mismo tiempo, situado ante sí mismo como testigo de si ha cumplido o no dicha exigencia con el debido cuidado. Las tareas de hallar la regla para la acción particular que provee el caso y, luego, de subsumirla bajo la regla adecuada, lejos de quedar fuera de consideración, están en el foco mismo de la atención, pues es a ellas, precisamente, a las que, en su calidad de actividades cuya ejecución que sujeta a control voluntario, apunta la custodia reflexiva que lleva a cabo la "conciencia moral[G]". Naturalmente, como a su modo lo ponía ya de manifiesto la discusión llevada a cabo en *VM*, el grado de tematicidad de la tarea de reflexión llevada a cabo en "dirección subjetiva" puede resultar variable según los casos, y también en los diferentes momentos de la actuación del agente individual. Sin embargo, la exigencia de cuidado vale, como tal, incluso allí donde la habitualización adquiere una función determinante en la dirección de la conducta del agente individual, pues se trata de una exigencia que aparece inmediatamente conectada, como se vio, con un deber incondicionado de certeza. En el caso de la "conciencia moral[G]" se tiene siempre, por tanto, al menos, de modo potencial o virtual, una peculiar estructura de "doble reflexividad", con arreglo a la cual es preciso distinguir nítidamente los diferentes niveles y direcciones de consideración involucrados.

A otros aspectos conectados con esta peculiar caracterización de la función de la "conciencia moral[G]" volveré más abajo, con ocasión de la discusión de la concepción presentada en *Tugendlehre*. Resta por aclarar, sin embargo, la referencia de Kant a los "casos de conciencia" y la "casuística", que, a primera vista, puede resultar bastante sorpresiva y difícil de comprender en su alcance, dentro del presente contexto. La referencia tiene lugar, como se ha visto, en conexión inmediata con la caracterización de la tarea que lleva a cabo la reflexión, allí donde opera en "dirección objetiva" y considera, por tanto, la relación que una determinada acción particular mantiene con la correspondiente regla moral, a fin de determinar si la acción ha de verse o no como lícita. Lo que Kant tiene primariamente en vista en este caso es el procedimiento metódico característico de la casuística, tal como se emplea en el ámbito de la teología moral, el cual consiste en el planteo y la discusión de "dilemas" morales, conocidos con el nombre de "casos de conciencia". Con vistas a su estructura, Kant caracteriza tal tipo de procedimiento metódico como una suerte de "dialéctica" de la "conciencia moral[G]" (cf. p. 186). Como es sabido, el propio Kant adopta una suerte de versión minimalista del procedimiento casuístico, cuando en el tratamiento de *Tugendlehre* complementa la exposición de diversos "deberes de virtud" (*Tugendpflichten*) con un breve apartado dedicado a la discusión de "cuestiones casuísticas" (*kasuistische Fragen*).[6] En todo caso, para la recta comprensión del pasaje de *Religion* que nos ocupa, es importante señalar que la referencia a los "casos de conciencia" y la "casuística" no tiene, en modo alguno, por objeto identificar un paso procedimental que formara parte del proceso de formación del juicio particular de la "conciencia moral[G]". Por el contrario, la intención de Kant es, más bien, la de marcar un neto contraste entre el procedimiento casuístico de consideración de "dilemas morales" de modo, por así decir, meramente "dialéctico", por un lado, y el proceso que subyace a la formación del juicio particular de la "conciencia moral[G]" por parte del agente individual, si es que ha de cumplir debidamente con las correspondientes exigencias de rigor en el autoenjuiciamiento, por el otro.[7] En

[6] Véase, en tal sentido, *Tugendlehre* § 6 p. 423 s.; § 7 p. 426; § 8 p. 428; § 9 p. 431; § 10 p. 433 s.; § 12 p. 437; § 31 p. 454; § 35 p. 458.

[7] El verdadero alcance de la referencia a la casuística como una suerte de "dialéctica" de la "conciencia moral[G]" se comprende mejor, a la luz de lo que Kant declara en otros lugares, cuando caracteriza a la casuística como una crítica de las acciones "de carácter sofístico" (*nach Sophistic*), cuyo ejercicio (*Übung*) apunta a intentar eludir (*hintergehen*) la "conciencia moral[G]", pensando que se la puede llevar a error (*Irrthum*) (cf. *MdS Vigilantius* p. 620). Esto no impide, sin embargo, que en *Tugendlehre* el propio Kant continúe, a su manera, la larga tradición de la casuística, como lo muestra el simple hecho de que habitualmente complementa el tratamiento de los diferentes deberes de virtud con la discusión de determinadas "cuestiones casuísticas" (*kasuistische Fragen*), con la intención de precisar la posición fijada en cada caso o sus consecuencias. Así, a pesar de que rechaza el abuso de la casuística allí donde está al servicio de la justificación de la laxitud y, con ello, de la elusión del rigorismo, como ocurre con el probabilismo, el propio Kant afirma expresamente la utilidad de una casuística moral, como ayuda para agudizar nuestro juicio moral en asuntos de difícil discernimiento, tales como, por ejemplo, la cuestión de hasta qué punto se puede ocultar la verdad en determinadas

definitiva, el sentido preciso de la observación referida al procedimiento propio de la casuística de los “casos de conciencia” se comprende mejor, cuando se la pone en conexión con lo ya dicho acerca de la exigencia de certeza que adquiere expresión en el postulado de la “conciencia moral^G”. Lo que Kant busca recalcar aquí es, en último término, el hecho elemental de que ninguna casuística, por sutil y detallada que pudiera ser en su elaboración, podría pretender jamás cumplir la función de desligar al agente individual de su obligación de considerar todas las circunstancias moralmente relevantes, tanto objetivas como subjetivas, conectadas con la situación particular en la que se dispone a actuar. El objetivo último de Kant consiste, por tanto, también aquí en enfatizar la indelegabilidad de la “conciencia moral^G”, frente a cualquier posible intento de externalización. Como se sabe, éste es un motivo central dentro de la concepción de conjunto que Kant elabora en *Religion*.

situaciones sociales, sin detrimento de la moralidad, pero ello, siempre y cuando los límites de su ejercicio estén bien definidos de antemano (cf. *MdS Vigilantius* p. 701). Para una buena presentación de la recepción del pensamiento casuístico por parte de Kant, véase Kittsteiner (1988). Para una visión más amplia del desarrollo de la problemática que vincula casuística y teoría de la “conciencia moral^G”, en el camino que lleva desde Pascal hasta Kant, pueden verse ahora los trabajos reunidos en Di Giulio – Frigo (2020). Una presentación de conjunto del desarrollo de la casuística en el ámbito de la teología luterana, en los tiempos posteriores a la Reforma, se encuentra en Mayes (2011).

Capítulo 4

La teoría de la "conciencia moral[G]" en *Tugendlehre*

4.1. Observaciones preliminares

En la obra titulada "Doctrina de la virtud" (cf. *Tugendlehre*), Kant presenta lo que, en un sentido amplio y no demasiado vinculante, bien podría llamarse su "ética material", esto es, la parte sustantiva de su concepción que contiene el desarrollo de una teoría de contenido acerca del bien moral. En consonancia con una larguísima tradición que, en sus orígenes, remonta en último término hasta el pensamiento clásico greco-latino, Kant la elabora en *Tugendlehre* al modo de una doctrina de los "deberes" (*officia, Pflichten*), más precisamente, como una doctrina de los "deberes de virtud" (*officia virtutis, Tugendpflichten*). Como nadie ignora, la obra, publicada en 1797, pertenece a los últimos años de la producción filosófica de Kant, y constituye, en rigor, la segunda parte de una obra más amplia, titulada "Metafísica de las costumbres" (*MdS*), cuya primera parte corresponde a la "Doctrina del derecho" (*Rechtslehre*), aparecida ese mismo año.[1] Con la concepción presentada en

1 Publicada dieciséis años después de la primera edición de *KrV*, *MdS* es una obra de avanzada vejez y presenta algunos notorios problemas de compaginación. Contamos actualmente con un notable trabajo de recomposición textual, llevado a cabo por B. Ludwig, que nos permite leer un texto mejor ordenado que el que aparece en la edición de la Academia de Berlín. Lamentablemente, las traducciones castellanas realizadas antes de 1990, fecha de publicación de la nueva edición alemana, no pudieron tener en cuenta los cambios introducidos por Ludwig, razón por la cual el orden del texto difiere en algunos pasajes. Hay, además, algunos problemas internos de redacción que son imputables directamente a inconsistencias de Kant, que trabajó

MdS y, en particular, en *Tugendlehre*, Kant busca completar el programa teórico iniciado con los otros dos escritos fundamentales sobre ética del periodo crítico, esto es, la "Fundamentación de la metafísica de las costumbres" (*Grundlegung*), publicada en 1785, y la "Crítica de la razón práctica" (*KpV*), publicada en 1788.

Contra lo que se supone con una frecuencia que a estas alturas resulta verdaderamente asombrosa, dado el nivel alcanzado por la investigación especializada y dado, además, lo infundado e implausible de semejante suposición, ni *Grundlegung* ni *KpV* son obras destinadas a presentar lo que, de un modo general, se suele llamar "la ética de Kant". De lo que se trata en dichas obras es, más bien, de algo diferente y, al menos, desde cierto punto de vista, también bastante más modesto. De modo aproximativo y simplificado, puede decirse que lo que Kant se propone en *Grundlegung* y *KpV* es tratar un conjunto acotado de cuestiones que conciernen al origen, el carácter y el alcance de aquel principio racional último que da cuenta de la posibilidad misma de la moralidad, como un todo. Como nadie ignora, Kant identifica dicho principio racional último con el así llamado "imperativo categórico", en sus diferentes posibles formulaciones, las cuales deben verse en último término, según Kant, como equivalentes entre sí, al menos, en la medida en que el "imperativo categórico" no puede ser más que uno solo (*nur ein einziger*) (cf. *Grundlegung* p. 421). A la hora de caracterizar dicho principio, que proporciona no sólo el fundamento último de la moralidad sino, al mismo tiempo, también el criterio último de corrección al que, de modo directo o indirecto, debe recurrir necesariamente todo enjuiciamiento moral, Kant adopta, como es sabido, una posición de corte "formalista", en un sentido preciso del término. En efecto, Kant insiste en el hecho de que el principio último de la

---

poco menos que a marcha forzada, apurado por dar a conocer lo antes posible cada una de las dos partes de la obra. Así ocurre, por citar un caso significativo, con las diferentes clasificaciones de los deberes resultantes de la introducción y el texto de *Tugendlehre* (a este respecto, véase las observaciones de Ludwig [1990] p. XX ss.). Con todo, no se trata de problemas insalvables, que tuvieran consecuencias fatales para el buen entendimiento de la posición que defiende Kant. Largamente olvidada, la obra ha sido redescubierta en su central importancia en los últimos veinte años, lo cual se ve reflejado en un gran incremento de la literatura. Para un panorama de conjunto de *MdS*, véase, por ejemplo, los trabajos reunidos en Timmons (2002). Para el caso de *Tugendlehre*, puede verse el comentario cooperativo ofrecido en Trampota – Sensen – Timmermann (2013) y también de Haro Romo (2015).

moralidad no debe contener en sí ningún elemento que dé cuenta de la determinación material del "querer" (*Wollen*) o la "voluntad" (*Wille*), tal como ella tiene lugar en conexión con la función motivacional que cumplen los deseos y las inclinaciones, bajo el influjo de los objetos a los que éstos quedan referidos. Por ello, el "imperativo categórico" debe poseer un carácter puramente formal (cf. *Grundlegung* p. 416 s.; *KpV* §§ 4-6, p. 27 ss.), si es que verdaderamente ha de poder dar cuenta del modo en el que, determinada de modo apriorístico por la razón (pura) práctica, la voluntad puede llegar a ser, en el sentido estrictamente moral del término, una "buena voluntad" (*guter Wille*). Como señala Kant en un pasaje famoso, ésta, la "buena voluntad", es lo único que puede contar como irrestricta o absolutamente bueno, no sólo en el mundo, sino incluso fuera de él (cf. *Grundlegung* p. 393). En efecto, una "buena voluntad" es lo que da lugar a aquella "disposición moral de fondo" (*Gesinnung*) en la que reside lo único que hay de esencialmente bueno (*das Wesentlich-Gute*) en las acciones (*Handlungen*), con independencia del resultado efectivo al que éstas puedan conducir en cada caso (cf. *Grundlegung* p. 416).

Ahora bien, parecería innecesario tener que insistir sobre algo tan elemental como el hecho de que de la afirmación del carácter puramente formal del principio último de la moralidad, como principio perteneciente al ámbito de la razón pura práctica, no se sigue, en modo alguno, que la ética de Kant posea ella misma, como un todo, un carácter igualmente formal, ni pretenda mantenerse recluida en el ámbito de lo apriorístico, a los fines de salvar así su pretendida pureza. Desde luego, nada de esto forma parte de las intenciones más medulares que animan el abordaje de los problemas vinculados con la esfera de la moralidad practicado por Kant, ni guarda relación alguna con el conjunto de los principios y puntos de partida básicos de su filosofía crítica. Kant insiste, efectivamente, en el hecho de que del "imperativo categórico" –y, en rigor, sólo de él– pueden derivarse (*ableiten*) *todos* aquellos otros imperativos más específicos que corresponden a lo que habitualmente se conoce como los "deberes" (*Pflichten*), en el sentido propiamente moral del término, a saber: tanto los deberes tradicionalmente llamados "perfectos" (*vollkommen*) como los "imperfectos" (*unvollkommen*) (cf. *Grundlegung*

p. 421). Sin embargo, como muestra ya claramente la ilustración por medio de algunos ejemplos provista en el tratamiento de *Grundlegung*, lo que Kant tiene en vista aquí, al hablar de "derivación", nada tiene que ver con lo que sería la construcción de un sistema de carácter deductivo, supuesto, además, que tal tipo de construcción pudiera llevarse a cabo efectivamente partiendo de una única premisa. Por el contrario, los ejemplos expuestos por Kant muestran con toda nitidez que no hay algo así como un camino deductivo que condujera desde el principio último de la moralidad, de carácter puramente formal, a la pluralidad de los diversos deberes morales, dotados todos y cada uno de ellos de su propio contenido específico, que la teoría ética pretende tematizar y sistematizar. El tipo de derivación que Kant tiene en vista aquí se basa, más bien, en el enjuiciamiento de las máximas de acción, como principios subjetivos de determinación del "querer" o la "voluntad" (cf. p. 420 nota 2; véase también *KpV* § 1 p. 19 ss.), por medio del recurso al procedimiento de "universalización" o, mejor aún, de "nomologización", conectado con la exigencia de legalidad que prescribe el "imperativo categórico", en su formulación más básica y elemental: "obra solamente según aquella máxima (*Maxime*) por medio de la cual puedas querer al mismo tiempo (*zugleich*) que ella llegue a ser una ley universal (*ein allgemeines Gesetz*) (cf. *Grundlegung* p. 421).[2]

[2] Véase también *KpV* § 7 p. 30: "Obra de manera tal que la máxima de tu voluntad (*die Maxime Deines Willens*) pueda valer (*gelten*) siempre (*jederzeit*) al mismo tiempo (*zugleich*) como principio de una legislación universal (*als Prinzip einer allgemeinen Gesetzgebung*)". Para una descripción precisa de los pasos que comprende el procedimiento de nomologización, véase Enskat (2001) esp. p. 63 ss., de quien tomo también la noción de nomologización (*Nomologisierung*). Acertadamente enfatiza Enskat el papel clave que juega aquí la desindexación del enunciado que expresa la máxima por el lado del sujeto, el cual hace referencia originalmente a la persona individual del caso. Se da lugar así a un enunciado sobre el modo en el que actúa o puede actuar toda o cada persona: de un enunciado de la forma "yo actúo de tal o cual forma en situaciones de tal o cual tipo" se pasa a un enunciado de la forma "toda (cada) persona actúa de tal o cual forma en situaciones de tal o cual tipo", que posteriormente es revestido con la forma de la legalidad, por medio de la introducción del correspondiente operador deóntico, para dar lugar así a un enunciado que expresa una ley práctica (*vgr.* "toda [cada] persona *debe* actuar de tal o cual forma en situaciones de tal o cual tipo"). El hecho de que en su forma original las máximas adquieran expresión por medio de enunciados indexados en la primera persona guarda una relación estructural con el carácter esencialmente subjetivo de las máximas, puesto de relieve por Kant. Para este punto y, en general, para el carácter subjetivo de las máximas, véase la muy buena discusión en Placencia (2013) y (2019) p. 217 ss.

No es necesario entrar aquí en los detalles de la concepción elaborada por Kant, que, como se sabe, ha dado lugar a una profusa discusión. Baste con señalar que el procedimiento de nomologización avistado por Kant apunta a poner de manifiesto el hecho de que, con frecuencia, las condiciones de realización y cumplimiento de una máxima excluyen la posibilidad de su universalización, en el sentido preciso de su nomologización. Dicho de otro modo: no siempre puede querer un agente que la máxima que él mismo adopta o pretende adoptar como principio de su propia actuación individual pueda o deba ser adoptada, al mismo tiempo, también por todos los demás, y ello por la sencilla razón de que, si tal cosa ocurriera, él mismo se vería impedido de poder alcanzar precisamente aquellos objetivos que se proponía alcanzar a través de la adopción de tal máxima o, al menos, ya no podría contar razonablemente con el éxito de sus intentos por alcanzarlos. Según esto, una máxima no susceptible de nomologización es aquella cuya eficacia con vistas a la consecución de los objetivos a los que ella misma hace referencia presupone que la propia máxima no se convierta en un principio universal de actuación, válido para todos los agentes. A juicio de Kant, en su articulación interna toda máxima presenta, en definitiva, una estructura teleológica: contiene, de modo explícito o implícito, la referencia a un determinado objetivo o fin, para cuya consecución el tipo particular de acción prescripto en la máxima provee o, al menos, pretende proveer un medio eficaz.[3] Sin embargo, es justamente la pretendida eficacia de dicho medio la que, en ocasiones, presupone un marco de condiciones que excluye, como tal, la posibilidad de nomologización de la máxima. En tal caso, se está en presencia de una máxima moralmente no permisible, piensa Kant, justamente, en la medida en que el sujeto todavía puede querer para sí mismo lo que prescribe la máxima, pero ya no puede querer, al mismo tiempo, que otros adopten el mismo principio de actuación, si es que realmente pretende

[3] Para el tratamiento kantiano de las máximas, véase la detallada discusión en Schwartz (2006), que presenta los diferentes tipos de máximas consideradas por Kant, analiza sus diversas formulaciones y precisa sus funciones. Para los aspectos vinculados con el carácter teleológico de las máximas, véase esp. p. 103 ss. Véase también Placencia (2019) p. 203 ss., 225 ss.

alcanzar el objetivo al que hace referencia la propia máxima que ha adoptado o considera adoptar.

Como se echa de ver, y contra lo que erróneamente se afirma en ocasiones, Kant no hace residir en la mera contradicción lógica el índice de la incapacidad de una máxima para superar el procedimiento de nomologización. Lo que Kant tiene en vista es, más bien, una incompatibilidad de carácter pragmático entre la pretensión de eficacia de la máxima, por un lado, y la forma universal de la legalidad exigida por el principio de la moralidad, por el otro. Allí donde se presenta tal incompatibilidad, el agente no puede querer consistentemente lo que prescribe la máxima y, a la vez, su nomologización, porque esta última pondría en crisis, justamente, las únicas razones que él mismo podría tener para querer adoptar la máxima en cuestión, es decir, aquellas que hacen referencia a la eficacia de los medios que ella prescribe para alcanzar el fin deseado. Esto es, precisamente, lo que Kant intenta ilustrar por medio de cuatro famosos ejemplos de máximas no nomologizables analizados en el tratamiento de la primera formulación del "imperativo categórico" de *Grundlegung*, a saber: la máxima de acudir al suicidio como medio para evitar o abreviar los males de la vida (cf. p. 421 s.); la máxima de pedir préstamos, sin intención de devolverlos, para salir de dificultades económicas (cf. p. 422); la máxima de dar preferencia a la diversión y la comodidad, sin esforzarse en desarrollar los propios talentos naturales (cf. p. 422 s.); y la máxima de la indiferencia frente a los pesares y los problemas de los demás (cf. p. 423).

Como se ha hecho notar, una posición especialmente destacada como ejemplo de máxima no nomologizable ocupa, en la concepción de Kant, la máxima de la mentira (*Lüge*) o el engaño, en sus diversas posibles formas, como, por ejemplo, el caso de la falsa promesa (*falsches Versprechen*).[4] De hecho, ya antes de proporcionar una formulación oficial del pro-

4 Véase Enskat (2001) p. 70 ss. y (2010) p. 252 ss., quien llama la atención también sobre la importancia central que Kant concede a la orientación hacia la verdad y la veracidad, desde el punto de vista antropológico, tal como se pone de manifiesto, de modo especialmente nítido, allí donde caracteriza la mentira como "la auténtica mácula vergonzosa" (*der eigentliche faule Fleck*) en la naturaleza humana, bajo mención expresa del "padre de las mentiras (*Vater der Lügen*) a través del cual ha entrado en el mundo todo lo malo (*alles Böse*)" (cf. *Verkündigung* p. 422). El carácter paradigmático que desempeñan la mentira y el engaño en todas sus

pio "imperativo categórico", Kant examina en *Grundlegung* un caso de este tipo con alguna mayor extensión, con el propósito más general de poner de relieve el carácter necesariamente universal e incondicionado de la ley moral (cf. p. 402 s.). Más allá de cualquier otra posible consideración relativa a la posición central que ocupa la virtud de la veracidad en el conjunto de la concepción kantiana, no puede haber serias dudas de que el caso de (la máxima de) la mentira o el engaño ocupa un lugar particularmente destacado, porque permite ilustrar de modo especialmente nítido el peculiar tipo de conflicto pragmático avistado por Kant entre la estructura teleológica de la máxima y la exigencia de nomologización conectada con el principio de la moralidad.

En diversas circunstancias y por diversas razones, explica Kant, alguien puede muy bien querer mentir o prometer falsamente, por ejemplo, para escapar de una situación embarazosa. Sin embargo, al querer mentir o prometer falsamente, ese mismo agente no puede querer consistentemente que la mentira o la falsa promesa se convierta, al mismo tiempo, en una ley universal válida también para todos los demás, ya que, elevada al rango de ley universal, (la máxima de) la mentira o la falsa promesa se destruiría a sí misma (*sich selbst zerstören*), a saber: si todo el mundo partiera de la suposición de que todos y cada uno de los agentes buscan siempre mentir o engañar al prometer cuando ello les resulta conveniente, entonces ya nadie podría confiar razonablemente en las afirmaciones y las promesas de nadie, de modo que todas aquellas acciones e instituciones que se fundan en la confianza en la palabra dada perderían, de inmediato, su única posible base de sustentación (cf. p. 402 s.). Formulado en términos más abstractos, esto equivale a decir que la mentira sólo puede pretender poseer algún tipo de eficacia, precisamente, allí donde se presupone ya la vigencia del mandato moral de la veracidad, como ley universal que vincula en su actuación a todos los agentes.

---

formas en el contexto de la concepción kantiana había sido señalado ya por Ebbinghaus (1959) esp. p. 224, citado por Enskat (2001) p. 70 nota 34, según la reproducción en Ebbinghaus (1968) esp. p. 155. Ebbinghaus caracteriza al caso de la mentira y el engaño como el "caballo de desfile" (*Paradepferd*) de la concepción de Kant, vale decir, como su ejemplo emblemático y su motivo de orgullo.

Como puede verse claramente ya a partir de lo dicho, no sólo resulta insostenible la tesis según la cual la ética kantiana sería meramente formal, por ser meramente formal el principio mismo de la moralidad a partir del cual Kant espera poder derivarla. Igualmente insostenible es también la tesis, repetida con una frecuencia comparable, según la cual la orientación a partir del "imperativo categórico" y el procedimiento de nomologización asociado a él excluirían, de suyo, todo posible recurso a fines dentro del modelo ético elaborado por Kant. Según una visión de las cosas burdamente sobresimplificada y, en rigor, indefendible a la luz de la evidencia textual, la ética kantiana, como ejemplo paradigmático de ética deontológica, dejaría de lado, sin más, el papel central otorgado tradicionalmente a la teleología en el ámbito de la moralidad. Puesto que, por otro lado, se ha reconocido desde siempre una conexión funcional indisoluble entre lo que tradicionalmente se denomina la "razón de fin", por un lado, y la "razón de bien", por el otro, se suele concluir sobre esta misma base que la ética kantiana, al no poder ser, en ningún sentido reconocible, una "ética de fines", tampoco podría ser caracterizada, por lo mismo, como una "ética de bienes", en ningún sentido relevante de la expresión. Partiendo de asunciones globales tan descaminadas, resulta natural que se obtenga como resultado una versión poco menos que caricaturesca de la posición que se pretende describir, en este caso, la de Kant, con lo cual se bloquea de antemano toda posibilidad de un acceso adecuado a ella.

He señalado más arriba que, en la concepción de Kant, las máximas poseen un alcance genuinamente teleológico, en la media en que incorporan siempre, de modo explícito o implícito, una referencia a los fines que han de ser alcanzados a través de las correspondientes acciones. El procedimiento de nomologización, como se vio, cuenta él mismo en su aplicación con la estructura teleológica de las máximas a las que se aplica, y la deja, como tal, intacta, tanto cuando la máxima del caso lo supera exitosamente como cuando se muestra incapaz de hacerlo. Ello es así, por la sencilla razón de que lo que está en juego en dicho procedimiento no es, en modo alguno, el enjuiciamiento de la adecuación o inadecuación de la estructura teleológica de la acción a la que remite tipológicamente la máxima, sino tan sólo la aceptabilidad o inaceptabilidad moral de la propia máxima, que provee la descripción bajo la cual la correspondiente acción ha de ser elegida o bien rechazada. Desde este punto de vista, hay que decir, pues, que, en el plano correspondiente a lo que modernamente se llama la "teoría de la acción", Kant adopta una concepción teleológica de corte clásico, perfectamente comparable en su orientación general, y más allá de las diferencias de detalle, a las concepciones de cuño aristotélico.[5] Por cierto, el criterio kantiano de corrección moral, tal como queda expresado en el procedimiento de nomologización asociado al "imperativo categórico", no posee él mismo un alcance teleológico, pero cuenta en su aplicación a las máximas, como se dijo ya, con la estructura teleológica de las acciones a las que dichas máximas hacen referencia en el plano tipológico. De aquí se sigue una consecuencia importante desde el punto de vista sistemático, a saber: allí donde las acciones, enjuiciadas a través de las correspondientes máximas, se revelan moralmente aceptables, también los correspondientes fines, es decir, aquellos a los que tales acciones apuntan, quedan investidos ellos mismos del carácter de aceptabilidad moral. Toda la dimensión de la vida correspondiente al ámbito de lo que Kant considera dotado de carácter meramente prudencial, pragmático o incluso técnico queda, de este modo, sujeto a los criterios de enjuiciamiento que dan cuenta de la esencial pertenencia del obrar humano, en todas sus posibles formas y áreas de despliegue, a la esfera de la moralidad.

Sin embargo, no se agota aquí, ni mucho menos, el papel de la teleología en el modelo ético elaborado por Kant, pues éste no cuenta tan sólo con la posibilidad de fines moralmente aceptables, sino que, por referencia al propio principio de la moralidad, busca establecer, además, la existencia de ciertos fines que presentan el carácter de moralmente obligatorios, es decir, el carácter de fines que no es posible no querer tener y perseguir, si se aspira a que el propio obrar satisfaga debidamente las exigencias de la moralidad. La tematización de tales fines es la tarea que pretende cumplir aquella parte de *MdS* que está destinada específicamente al estudio de la

5 Para un desarrollo más amplio de este punto, véase Vigo (2018).

virtud moral. Como se dijo ya, la obra está dividida en dos partes, la "Doctrina del derecho" (*Rechtslehre*) y la "Doctrina de la virtud" (*Tugendlehre*). Pero, en su conjunto, responde a un plan unitario, ya que se trata de una presentación sistemática de una doctrina de los "deberes" (*Pflichten*), los cuales quedan divididos en dos grupos diferentes, a saber: los "deberes jurídicos" (*Rechtspflichten, officia juris*) y los "deberes de virtud" (*Tugendpflichten, officia honestitatis, officia virtutis, officia ethica*). La diferencia fundamental entre ambos tipos de deberes no es tanto relativa al contenido –pues todo deber jurídico es a la vez, al menos, de modo indirecto, también un deber de virtud, aunque no viceversa[6]–, cuanto, más bien, relativa al alcance que poseen las exigencias jurídicas y morales, desde el punto de vista de la motivación interior de los correspondientes actos: el derecho sólo obliga en *forum externum* y exige, por tanto, la mera conformidad exterior de las acciones con la ley; la moral, en cambio, no puede no extender su pretensión normativa también al *forum internum* y, consecuentemente, no puede quedar contenta con la mera "legalidad" (*Legalität*), sino que exige necesariamente la genuina "moralidad" (*Moralität*) de las acciones, lo cual quiere decir que extiende su pretensión normativa también, y primariamente, al ámbito de los motivos, las intenciones, los deseos y los propósitos del agente. Por lo mismo, los deberes de virtud no pueden prescindir, en modo alguno, de la referencia a fines. De hecho, Kant caracteriza los deberes de virtud, en general, como "fines que son pensados al mismo tiempo como deberes" (cf. *Tugendlehre*, "Einleitung" IX p. 395). Consiguientemente, el principio general de la doctrina de la virtud, que no es sino la correspondiente versión del "imperativo categórico", reza: "obra según una máxima de aquellos fines cuya posesión sea una ley universal para cualquiera" (cf. p. 395).

La teoría kantiana de la virtud es, pues, como no podía ser de otra manera, esencialmente teleológica, aun cuando la fundamentación kantiana de la moralidad no lo sea o, al menos, no lo sea en el mismo sentido. La central importancia del elemento teleológico en la concepción kantiana de la

[6] En la introducción a la "Doctrina del derecho" Kant señala de modo expreso que existe un deber moral de obrar conforme a derecho (cf. *Rechstlehre* p. 231). Para más precisiones sobre la distinción entre "deberes jurídicos" y "deberes morales", véase Vigo (2011a) p. 183 ss.

moralidad no puede, por tanto, ser puesta razonablemente en duda.[7] Y, por lo mismo, tampoco podría ser puesta en duda, naturalmente, la centralidad del concepto de bien. Como nadie ignora, Kant no toma el concepto de bien como punto de partida de su intento por poner de manifiesto el principio en el cual se funda la moralidad. En el ámbito de la filosofía práctica, el "giro trascendental" que da cuenta del peculiar enfoque metódico practicado por Kant implica, justamente, no tomar el bien, considerado como objeto propio de la voluntad, como su fundamento de determinación, que, como tal, la precedería, sino, más bien, concebirlo como fundado él mismo en la determinación apriorística de la voluntad por parte de la razón (pura) práctica. En virtud de tal determinación apriorística, el bien, en el sentido específicamente moral del término (*das Gute*), se presenta como el *único* objeto de la razón (pura) práctica y, por lo mismo, también de un querer que esté en conformidad con ella, vale decir, de una voluntad que pueda llamarse ella misma buena, mientras que el mal, en el sentido específicamente moral del término (*das Böse*), aparece como aquello que debe ser necesariamente rechazado o aborrecido (cf. *KpV* p. 57). Kant reconstruye de este modo, en el marco de una nueva concepción relativa al modo en que tiene lugar la determinación de la voluntad por la razón (pura) práctica, la intuición nuclear subyacente al apotegma "*bonum faciendum, malum vitandum*", que, en la tradición que remonta a Tomás de Aquino, se conoce habitualmente bajo la rúbrica de "primer principio de la razón práctica". Si se tiene en cuenta, además, que la voluntad se refiere a su objeto como a aquello que ha de ser alcanzado por medio de la acción, es decir, como a un posible efecto de la libertad (*eine mögliche Wirkung durch Freiheit*) (cf. p. 57), se comprende de inmediato que el objeto de la voluntad, en tanto bueno en el sentido específicamente moral, aparece siempre, a la vez, como un fin a alcanzar o realizar a través de las correspondientes acciones. Vale decir: aquello que satisface la forma del objeto propio de la voluntad apriorísticamente determinada por la razón (pura)

---

7 Para un sólido estudio de conjunto del papel central de la teleología en la concepción kantiana de la razón y en la filosofía crítica, como un todo, véase ahora Fugate (2014). Para el caso particular de lo que Fugate llama "la teleología de la libertad", véase esp. caps. 6-7.

práctica se presenta siempre, al mismo tiempo, bajo la forma del fin al que deben apuntar las acciones que caen bajo las correspondientes máximas.

Ya se señaló más arriba que las máximas poseen una estructura esencialmente teleológica. Lo que hay añadir ahora es la importante observación de que la referencia a fines, en el caso de las máximas, tiene dos posibles fuentes de origen, a saber: de un lado, la determinación empírica del querer bajo el influjo de un objeto; de otro, la determinación a apriorística del querer por parte de la razón (pura) práctica. Ambas determinaciones deben poder armonizarse, allí donde el querer y el obrar fundado en él aspiran a ser moralmente correctos, pero en tal armonización es la forma impuesta a la voluntad por la determinación apriorística de la razón (pura) práctica la que provee el criterio al que debe adecuarse la materia empírica del querer, y no viceversa. Esto vale tanto allí, donde, partiendo del querer empíricamente determinado, nos preguntamos si la máxima de nuestra voluntad es capaz de superar el procedimiento de nomologización y asumir así la forma de la universalidad, a los efectos de poder determinar si *podemos* (*nos es permitido*) querer lo que de hecho ya queremos, como también allí, donde, en consideración de determinadas circunstancias, nos preguntamos qué es lo que *debemos* querer, vale decir, de modo más general, *qué máxima o máximas* de comportamiento *debemos* adoptar, a la luz de las exigencias que se derivan de la correspondiente aplicación del principio de la moralidad. En el segundo tipo de escenario heurístico, nos preguntamos, en definitiva, por aquellos fines que debemos adoptar por razones estrictamente morales, mientras que en el primero la pregunta apunta, más bien, a la aceptabilidad o inaceptabilidad moral de fines que ya hemos adoptado o bien pretendemos adoptar sobre la base de consideraciones diferentes a las razones específicamente morales, esto es, de carácter prudencial, pragmático o bien incluso meramente técnico. Como se echa de ver, el tratamiento de los "deberes de virtud" queda referido, fundamentalmente, a casos que corresponden al primer tipo de escenario. En efecto, se trata aquí, como se dijo ya, únicamente de aquellos fines que es un deber adoptar o tener.

Sobre esta base, el tratamiento específico de los deberes de virtud en *Tugendlehre* sigue, en sus líneas más generales, el mismo modelo tradicional que Kant había adoptado ya en *VM*. Así, los deberes de virtud se dividen en "deberes (de virtud) respecto de uno mismo" (*Pflichten gegen sich selbst*) y "deberes de virtud respecto de otros" (*Tugendpflichten gegen Andere*), cada uno de ellos con sus propias divisiones interiores, las cuales responden a la diferencia en la consideración de uno mismo y los demás ya como seres vivientes (o dotados de cuerpo, según la terminología *VM*), ya como seres morales (o dotados de alma, según la terminología de *VM*). Un punto importante concierne aquí a la relación de los deberes de virtud, en su carácter de deberes que hacen referencia a fines, con la felicidad (*Glückseligkeit*), que, desde Platón y Aristóteles, ha sido caracterizada tradicionalmente como el fin último de la vida práctica. En cierto modo, todos los deberes de virtud guardan una cierta relación con (la promoción de) la felicidad. Pero, a juicio de Kant, la relación es diferente en el caso de los deberes frente a sí mismo y en el de los deberes frente a otros, a saber: en el caso de los deberes frente a otros, la promoción de *su* felicidad constituye un objetivo directo del obrar moral; en el caso de los deberes frente a sí mismo, en cambio, el objetivo de promoción al que éstos apuntan de modo directo no es la felicidad, sino la perfección (*Vollkommenheit*), en el sentido estrictamente moral del término (cf. *Tugendlehre*, "Einleitung" VIII, p. 392 ss.). En cambio, la promoción de la propia felicidad, en el sentido del propio bienestar, puede verse a lo sumo como un deber indirecto respecto de sí mismo, y ello sólo en la medida en que un completo descuido de sí en este plano atentaría contra las posibilidades de progresar en el camino del propio perfeccionamiento moral, de modo que pondría en riesgo el adecuado cumplimiento del deber más básico e indelegable respecto de uno mismo. En cualquier caso, esta exigencia de no descuidar indebidamente lo que podría apuntar a la promoción del propio bienestar o la propia felicidad no tiene, a juicio de Kant, un carácter exclusiva o primariamente ético, sino que, más bien, adquiere alcance ético de modo derivado, en virtud de su conexión con la exigencia genuinamente moral de cultivar la moralidad en uno mismo, para elevarse así por encima del nivel de la mera animalidad (cf. p. 392). Por contraste, la promoción de la felicidad ajena es un deber genuinamente ético para cualquiera, cuyo carácter de exigencia moral no deriva de otras consideraciones diferentes, sino que se funda en consideraciones exclusivamente morales (cf. p. 393 s.). Por lo demás, a la hora de considerar el alcance de la asimetría así establecida, no hay que olvidar el hecho elemental, enfatizado por Kant en diversos contextos, de que la búsqueda de la propia felicidad constituye un objetivo que la propia naturaleza impone por sí sola a todo ser racional finito, de modo que normalmente no reclama una ulterior ratificación ética, para poder desplegar su propia fuerza motivacional (cf. *Grundlegung* p. 399 s.; *KpV* § 3 Anm. II p. 25 ss.). Por el contrario, piensa Kant, la tendencia a buscar la propia felicidad no necesita tanto sanción ratificadora, cuanto, más bien, sujeción al principio de la moralidad, pues es precisamente dicha tendencia la que anida detrás de la máxima que se opone polarmente al principio de la moralidad, a saber: la máxima del amor a sí mismo (cf. *KpV* § 3 y Anm. I, p. 22 ss.).

4.2. La "conciencia moral[G]" como "prenoción estética"

4.2.1. Las "prenociones estéticas"

En el marco de la concepción desarrollada en *Tugendlehre* una primera consideración del carácter y las funciones de la "conciencia moral[G]" se encuentra en el importante apartado introductorio dedicado al tratamiento de lo que Kant denomina las "prenociones estéticas" (*ästhetische Vorbegriffe*), que dan cuenta de la característica "receptividad" (*Empfänglichkeit*) que posee el ánimo (*Gemüt*) del ser humano para los conceptos que se vinculan con la noción de deber (*Pflichtbegriffe*) (cf. "Einleitung" XII p. 399 ss.). Unas pocas indicaciones generales pueden servir para comprender mejor el alcance del peculiar marco de tratamiento que Kant establece de este modo.

Un importante eje de referencia viene dado aquí por la oposición entre racionalismo y empirismo, tal como ésta se presenta en el ámbito específico de la filosofía moral. Como nadie ignora, en su conjunto la filosofía crítica kantiana puede verse, entre otras cosas, también como un peculiar intento de mediación entre racionalismo y empirismo. Ahora bien, tal intento de mediación se desarrolla en direcciones polarmente opuestas en el caso de la filosofía teórica y en el caso de la filosofía práctica. Por una parte, allí donde se trata de la crítica del uso teórico o especulativo de la razón, Kant rescata la validez objetiva del conocimiento fundado en conceptos de origen puramente intelectual, puesta en cuestión por el empirismo (*vgr.* la crítica de Hume a las nociones de sustancia y causalidad), pero, al mismo tiempo, admite con el empirismo que, en el caso de un agente epistémico finito como el ser humano, la razón no puede obtener genuino conocimiento, que es siempre conocimiento de objetos, más allá de los límites de la experiencia posible, es decir, más allá de los límites del ámbito objetivo abierto originariamente por la receptividad sensible. Consecuentemente, Kant rechaza la posibilidad de obtener genuino conocimiento de objetos suprasensibles como aquellos que pretendía tematizar la metafísica dogmática elaborada por los pensadores de la tradición racionalista. En este sentido, Kant piensa que, en el caso de su uso teórico o especulativo, es imprescindible y, además, urgente una crítica de la razón, porque tanto el entendimiento vulgar como el filosóficamente instruido, impulsados por la aspiración a lo incondicionado que anida en la propia razón – y que corresponde a lo que Kant llama la *metaphysica naturalis*–, tienden a pasar, sin más, por alto las limitaciones estructurales que posee la razón en el acceso a sus posibles objetos de conocimiento. El paradójico y, a efectos prácticos, gravísimo resultado de esta omisión del necesario autoexamen crítico –que en el caso del entendimiento filosóficamente instruido constituye, además, una omisión culposa e inexcusable– consiste en el hecho de que en el ámbito de la metafísica, concebida tradicionalmente como una ciencia filosófica de rango supremo, el uso de la razón se encuentra en lo que puede caracterizarse como un "estado de naturaleza", es decir, un estado de guerra de todos contra todos, en la cual se enfrentan sin pausa las diversas "escuelas filosóficas", y ello para escándalo del entendimiento vulgar, que contempla azorado la lucha sin cuartel entre bandos opuestos formados por aquellos que supuestamente serían los más sabios. No hay mejor aliado en la promoción del escepticismo a nivel popular, piensa Kant, que esta situación escandalosa, porque contribuye decisivamente a minar toda sana creencia en las realidades suprasensibles más significativas para la existencia humana (*vgr*. Dios, libertad e inmortalidad del alma) (cf. *KrV* B XXX-XXXV).

Por el contrario, en el ámbito del uso práctico de la razón, el entendimiento vulgar, piensa Kant, está por sí solo mucho mejor orientado, al menos en principio, y es, en cambio, la filosofía o, más bien, ciertas teorías filosóficas las que contribuyen decisivamente a confundirlo. En efecto, lo que hay que criticar en este caso no es el empleo de la razón misma, que en el ámbito práctico es necesariamente metafísico, en cuanto se sitúa desde el comienzo más allá de los límites del ámbito sensible, sino, más bien, la ilegítima pretensión de limitar dicho empleo al ámbito de la sensibilidad, con la consiguiente, e inaceptable, reducción naturalista del ámbito de la moralidad: lo que debe ser puesto a raya, por así decir, en este caso es, más bien, el empirismo, que, como teoría filosófica, sólo contribuye aquí a crear confusión e inseguridad en el entendimiento vulgar, al poner en cuestión la posibilidad de la libertad, en tanto causa inteligible, que resulta, como tal, irreductible al ámbito de los fenómenos sensibles. Formulando el punto en términos que corresponden más bien a la teoría de las facultades aquí subyacente, hay que decir que, en el caso del uso práctico de la razón, la función de la crítica consiste exclusivamente en despojar a la razón empíricamente determinada de su pretensión ilegítima de proveer el único posible fundamento de determinación (*Bestimmungsgrund*) de la voluntad (cf. *KpV* p. 16). Contrariamente a lo que pretenden posiciones reduccionistas de corte naturalista o empirista, la moralidad, piensa Kant, no puede ser nunca derivada de meras sensaciones ni de meros sentimientos, sino que pone en juego, necesariamente, un tipo peculiarísimo de causalidad, la causalidad libre, que debe verse como una causalidad según conceptos de la razón. Por lo mismo, en este último punto, el que acierta es, más bien, a juicio de Kant, el racionalismo moral, y no el empirismo. Y, en tal sentido, Kant explica que el concepto de libertad es la verdadera “piedra del escándalo” (*Stein des Anstoßes*) para todos los empiristas (cf. p. 7), mientras que él mismo lo considera nada menos que la “piedra angular” (*Schlußstein*) del edificio entero de un sistema de la razón pura, y no sólo en su uso práctico, sino también en su uso teórico o especulativo (cf. p. 3).[8]

Por otro lado, y esta vez nuevamente en clara aproximación al empirismo, Kant no desconoce, en modo alguno, que los fenómenos de la moralidad no pueden ser tratados en términos de meros conceptos, por cuanto la experiencia moral, en general, y también los juicios morales, en particular, involucran aspectos claramente vinculados con la dimensión del sentimiento (*Gefühl*). Así lo muestra ya el simple hecho de que frente a una injusticia, por ejemplo, frecuentemente nos indignemos, y no nos limitemos meramente a constatarla y eventualmente condenarla de modo emocionalmente neutralizado, por medio de meros conceptos. Por lo mismo, el objetivo de Kant no es ni puede ser aquí el de excluir, sin más, los sentimientos del ámbito de la moralidad, sino que de lo que se trata es, más bien, de asignarles el papel que genuinamente les corresponde dentro de dicho ámbito. A juicio de Kant, tal papel no puede ser jamás, en contra de toda posible variante de la llamada "moral del sentimiento", el de prestar fundamento a los juicios morales, y ello ya por la sencilla razón de que las pretensiones universales de validez que estos juicios plantean jamás podrían fundarse, como tales, en los sentimientos que eventualmente pudieran acompañarlos, y que habitualmente los acompañan. Algo comparable en alguna medida, aunque de ningún modo idéntico, ocurre también, a juicio de Kant, en el ámbito de la experiencia estética, más precisamente, allí donde se trata de la experiencia de lo bello, en sus diversas posibles formas. Tampoco en este caso es posible, piensa Kant, una explicación que recurra a meros conceptos, sino que

8 En un pasaje de gran importancia sistemática, contenido en la sección dedicada a la "Típica de la facultad del juicio pura práctica" de *KpV*, Kant explica que al uso de los conceptos morales sólo puede resultarle adecuado lo que llama un "racionalismo de la facultad del juicio" (*Rationalismus der Urteilskraft*), que se sitúa, como tal, en medio de dos extremos que deben ser rechazados: por un lado, el de un "misticismo" (*Mystizismus*) de la razón práctica, que pretende convertir en objeto de intuición el orden suprasensible que corresponde a lo que se llama un "Reino de Dios", y, por otro lado, el del "empirismo" (*Empirismus*) de la razón práctica, que convierte a los conceptos morales del bien y el mal en meras consecuencias empíricas conectadas con aquello que se denomina la felicidad. Aunque ambos extremos representan posiciones erróneas, Kant señala expresamente que es el empirismo el que debe ser rechazado aquí con mayor energía, en la medida en que no resulta compatible, en modo alguno, con la pureza (*Reinigkeit*) y la sublimidad (*Erhabenheit*) de la ley moral, que el misticismo, más allá de sus infundadas pretensiones, todavía conserva (cf. p. 70 s.).

es necesario hacer el debido lugar al papel que desempeña el sentimiento, incluso allí donde se trata de dar cuenta de la posibilidad y la estructura de los juicios a través de los cuales la experiencia de la belleza adquiere el tipo específico de articulación que la caracteriza como tal y la distingue de toda otra posible forma de experiencia.

Kant lidió con cuestiones relativas al papel del sentimiento, sobre todo, en el ámbito de la experiencia estética, ya desde tiempos muy tempranos, durante la época precrítica, como lo muestra el escrito sobre el sentimiento de lo bello (*das Schöne*) y lo sublime (*das Erhabene*) de 1764 (cf. *GSE*). Visto el problema desde la perspectiva propia del periodo crítico, la cuestión de fondo es la de si la temática del sentimiento, en general, puede y debe tener un lugar en el seno de la filosofía trascendental y, en caso afirmativo, cuál. Recién en 1790, con la concepción presentada en *KU*, Kant dio a conocer una respuesta definitiva a dicha cuestión, una respuesta que, además, es positiva. Como se sabe, el núcleo especulativo de dicha respuesta, que en primera instancia puede resultar sorprendente, consiste en la vinculación sistemática que establece entre la temática del sentimiento, en aquella parte que resulta accesible al modo de tratamiento propio de la filosofía trascendental, por un lado, y la temática relativa a las funciones de la facultad del juicio (*Urteilskraft*), en particular, a su función "reflexiva" o "reflexionante" (*reflektierend*), por el otro.

Este peculiar encuadramiento sistemático le permite a Kant, entre otras cosas, trazar una distinción nítida, dentro del ámbito del sentimiento, entre aquellos sentimientos que poseen un origen puramente empírico y aquellos otros que, sin dejar de ser genuinos sentimientos, vale decir, sin convertirse en meros conceptos ni tampoco en meras decisiones, reconocen, sin embargo, un origen apriorístico. Estos últimos responden en su origen, de uno u otro modo, a la propia operación de las facultades racionales del sujeto, tal como ésta tiene lugar con referencia a determinados objetos, pero sin que éstos puedan ser considerados como la causa del sentimiento que aparece posteriormente vinculado a ellos. A juicio de Kant, este esquema general de explicación se aplica, de dos maneras muy diferentes, tanto al caso del sentimiento de lo bello y lo sublime, que es lo que se trata en detalle en la primera parte de *KU*, como también al caso del que, para Kant, es el sentimiento de origen moral por excelencia, a saber: el "respeto" (*Achtung*). Este último aparece tratado ya en *Grundlegung* y *KpV*, aunque todavía sin conexión directa con la discusión de las funciones de la facultad del juicio. Por su parte, en *Tugendlehre*, además del respeto, se incluye también el que habitualmente se conoce con el nombre de "sentimiento moral" (*moralisches Gefühl*) entre las "prenociones estéticas", a las cuales pertenece también la "conciencia moral[G]", que, como se verá, constituye una peculiar forma o función de la facultad del juicio. Aunque el punto es discutible y la evidencia textual probablemente no permita despejar de modo definitivo todas las dudas, hay, a mi modo de ver, buenas razones para asumir que también en los casos específicos del "respeto" y el "sentimiento moral" Kant tiene en vista, más allá de las diferencias, un mismo modelo explicativo de carácter más general, que busca dar cuenta del elemento apriorístico presente en su origen, por referencia a la conexión sistemática que vincula a la función reflexiva de la facultad del juicio con el ámbito del sentimiento.

Por último, en la misma dirección apunta también el hecho de que en el tratamiento de *Tugendlehre* el adjetivo 'estético/a' (*ästhetisch*) está tomado en el mismo sentido que tiene en el tratamiento de *KU*, vale decir, como una referencia al ámbito del "sentir" o "sentimiento", en general, y no en el sentido que tiene en la "Estética trascendental" de *KrV*, donde remite de modo específico a la percepción, y no al sentir. En ambos casos, se trata de formas de la receptividad sensible, pero hay diferencias irreductibles entre ellas. Por su parte, la expresión 'prenoción' o 'prenociones' (*Vorbegriff(e)*), que podría vertirse también como "preconcepto(s)" o "concepto(s) previo(s)", pretende dejar en claro, desde un comienzo, que no se trata aquí de los principios de la moralidad, sino, más bien, de aquellas condiciones subjetivas que dan cuenta del modo en que dichos principios, cuyo asiento está la razón, no se limitan tan sólo a ser reconocidos como tales de un modo puramente intelectual, sino que, además, nos afectan sensiblemente, vale decir, motivan en nosotros determinadas respuestas afectivas o emocionales. Se trata, en definitiva, de dar cuenta, como lo establece el título con el que Kant encabeza el tratamiento, de la "receptividad" (*Empfänglichkeit*) que posee nuestro ánimo (*Gemüt*), como los seres finitos que somos, para los conceptos propios de la moralidad. Lo que se hace aquí objeto de tratamiento no son, pues, sino determinadas "disposiciones naturales" que nuestro ánimo trae ya siempre consigo, como ocurre también con todas las otras capacidades y facultades que forman parte de nuestra constitución originaria, y que, por lo mismo, no podrían ser jamás adquiridas por otros medios ni podría haber entonces obligación de adquirir. Kant habla, en tal sentido, de "predisposiciones naturales del ánimo" (*natürliche Gemütsanlagen*) para ser "afectado" (*affiziert*) por los conceptos del deber (*durch Pflichtbegriffe*) (cf. *Tugendlehre* p. 399). La conciencia de tales afecciones, que se identifica sin más con ellas, explica Kant, no tiene origen empírico, sino que constituye un efecto del modo en que la ley moral, presente en nuestra razón, afecta nuestro ánimo (cf. p. 399). Kant menciona cuatro "prenociones estéticas" a tomar en consideración, a saber: 1) el "sentimiento moral" (*moralisches Gefühl*), entendido aquí como la capacidad de experimentar agrado y desagrado frente a la concordancia o discordancia, respectivamente, de una acción con la ley moral; 2) la "conciencia moral[G]"; 3) el "amor (de afección) hacia los seres humanos" (*Menschenliebe*), que no puede ser mandado y que, por lo mismo, no se identifica con el "amor al prójimo", en el sentido propiamente moral del término (*Wohlwollen, amor benevolentiae*); y, por último, 4) el "respeto" (*Achtung, reverentia*), como sentimiento referido específicamente a la presencia de los principios de la moralidad, tanto en la misma ley moral como también en la propia persona y la persona de los demás. En lo que sigue, comentaré lo referido específicamente al tratamiento de la "conciencia moral[G]", que es muy breve, pero también bastante denso, y añadiré también, a modo de excurso, una interpretación detallada de la posición que Kant elabora respecto de la relación entre sentimiento moral y respeto.

4.2.2. Deber, sentimiento y reflexión

El tratamiento de la "conciencia moral[G]" como "prenoción estética" presentado en *Tugendlehre* apunta a poner de manifiesto, ante todo, su carácter de disposición natural, que no puede ser adquirida sino sólo cultivada, y, sobre esa base, pone de relieve también aquellos aspectos de su función que dan cuenta de la conexión sistemática con la teoría de los deberes de virtud, que es, como se vio, el tema principal de la obra.

Al igual que el "sentimiento moral" (cf. *Tugendlehre* p. 399 s.), la "conciencia moral[G]", explica Kant, no es algo que pueda ser adquirido (*Erwerbliches*), de modo que tampoco podría haber un deber de adquirirla. Ocurre, más bien, que todo ser humano (*jeder Mensch*), como ser moral (*als sittliches Wesen*), la posee originariamente. Por lo mismo, el peculiar tipo de vínculo que nos (ob)liga a la "conciencia moral[G]" (*zum Gewissen verbunden zu sein*) no puede caracterizarse en términos de lo que sería un supuesto "deber de reconocer deberes" (*die Pflicht, Pflichten anzuerkennen*) (p. 400). Al parecer, la razón de esta imposibilidad reside, para Kant, en el hecho de que tal caracterización produciría un regreso al infinito. En efecto, admitida por hipótesis la necesidad de un "deber de reconocer deberes", habría que suponer entonces, del mismo modo, también la necesidad de un nuevo deber de orden superior, que tuviera como materia de la correspondiente obligación el deber inmediatamente precedente, vale decir: un (supuesto) "deber de reconocer el deber de reconocer deberes", y así al infinito. Aunque Kant no desarrolla en el texto el argumento que he reconstruido, la posterior identificación de la "conciencia moral[G]" como una determinada forma o función de la facultad del juicio avala, en principio, la suposición de que lo que está en juego aquí no es, en definitiva, sino un aspecto específico de una aporía más general, referida al carácter y la función de la facultad del juicio, como facultad que hace posible el trato competente con reglas, allí donde se debe proceder a su aplicación. Se trata de una aporía que el propio Kant diagnostica y que resuelve, como se verá, por la vía de la naturalización de dicha facultad. Que es ésta la dificultad que está en juego aquí parece confirmarlo también el hecho de que lo que sigue inmediatamente en el texto queda introducido expresamente como una explicación ("*denn*") de la imposibilidad de un supuesto deber de tener una "conciencia moral[G]": la "conciencia moral[G]" no es, explica Kant, sino la propia "razón práctica" (*praktische Vernunft*), que, en cualquier caso de aplicación de una ley (*in jedem Fall eines Gesetzes*), confronta al sujeto con aquello que es su deber, y ello con vistas a la absolución o bien a la condena (*zum Lossprechen oder Verurteilen*). La "conciencia moral[G]" no se refiere, pues, de modo directo o primario, a un determinado objeto (*Objekt*), sino, más bien, al propio sujeto (*Subjekt*), de modo tal que, a través de su acto, afecta (*affizieren*) al sentimiento moral. Por lo mismo, su intervención constituye un hecho inevitable (*eine unausbleiliche Tatsache*), y no una obligación (*Obliegenheit*) o un deber (*Pflicht*) (cf. p. 400).

En esta apretada explicación se advierte claramente la relevancia de la conexión sistemática que establece el análisis kantiano, ya desde el tratamiento sintético presentado en *Religion*, entre el acto de la "conciencia moral[G]", por un lado, y la función reflexiva de la facultad del juicio, allí donde incorpora la "dirección subjetiva" de consideración, por el otro: el acto de la "conciencia moral[G]" se dirige *al sujeto mismo*, y no a un objeto. Lo que se añade de modo expreso en el tratamiento de *Tugendlehre* es la referencia a la conexión sistemática entre reflexión, desplegada en "dirección subjetiva", y sentimiento: al recaer sobre el propio sujeto, el acto de la "conciencia moral[G]" activa, por así decir, su capacidad de ser sensiblemente afectado por conceptos morales, más precisamente, tal como este tipo de afección tiene lugar, no de modo general o en abstracto, sino, más bien, sólo en presencia de aquello que, en cada caso, aparece como algo que cae efectivamente bajo un determinado mandato moral (ley) y ejemplifica en concreto sus condiciones de aplicación.

Así entendido, el punto muestra algunos paralelos estructurales importantes con el modo en que en el análisis desarrollado en *KU*, y dentro del marco de un tratamiento dedicado a tematizar la función reflexiva de la facultad de juzgar, Kant explica el origen del "sentimiento de lo bello" (*Gefühl des Schönen*). En efecto, también en este caso, la reflexión adquiere una peculiar inflexión subjetiva, en la medida en que el objeto provee aquí tan sólo la ocasión y, en cierto modo, también el "tema" de la reflexión, pero no opera, en cambio, como la causa directa de la afección emocional resultante de aquélla. En el caso del sentimiento de lo bello, lo que se tiene es una situación que corresponde al escenario característico de lo que Kant denomina la "percepción reflexionada" (*reflektierte Wahrnehmung*): un objeto particular dado en la percepción es considerado en su mera forma, bajo exclusión de todo interés referido a la existencia del objeto mismo, esto es, en perspectiva causal y existencialmente neutralizada y, con ello, también distanciada, vale decir, desinteresada. De este modo, en el nuevo espacio de autoexperiencia que abre originariamente esta forma particular de reflexión por vía de neutralización y distanciamiento, el sujeto puede tomar nota de un modo especialmente nítido, a través de una modalidad específica del sentir (*Gefühl*), del peculiar tipo de intensificación vital al que da lugar el "libre juego" (*freies Spiel*) de sus propias facultades cognoscitivas, aquí el entendimiento (*Verstand*) y la imaginación (*Einbildungskraft*), a saber: en la medida en que éstas entran en una suerte de resonancia armónica, allí donde la forma del objeto dado en la percepción reúne las características requeridas para dar lugar a este tipo particular de autoexperiencia (cf. *KU*, "Einleitung" § VII). Bajo tales condiciones, cuando se dice que el objeto en cuya presencia se hace este peculiar tipo de autoexperiencia es bello, el enunciado "esto (que veo, que oigo, etc.) es bello" documenta exteriormente, en el plano de la articulación lingüística, una especie particular de enlace de representaciones en la conciencia del sujeto, más precisamente, un particular tipo de juicio, en virtud del cual la forma del objeto percibido, sobre la cual versa la reflexión, queda, en calidad de sujeto del juicio, inmediatamente vinculada con el sentimiento originado en el juego libre de facultades que desencadena la propia reflexión, y ello de modo tal que ese mismo sentimiento opera entonces como el predicado del juicio que enlaza ambas representaciones.[9] Cuando se dice "X (esto que veo, esto que oigo, etc.) es bello", se tiene, pues, a primera vista, la impresión de estar en presencia de un enunciado que documenta exteriormente un enlace en la conciencia que correspondería a la forma de un juicio meramente declarativo, por medio del cual se vincula una determinación predicativa a un sujeto del juicio, con la pretensión de enlazar ambas representaciones en el objeto mismo al que se refiere el juicio, como un todo. Sin embargo, se trata en este caso, para Kant, de una

[9] Para un desarrollo más amplio de este punto, remito a la discusión en Vigo (2019). Una excelente discusión del tratamiento kantiano de la estructura y el alcance del juicio puro de gusto, se encuentra en Wieland (2001) p. 185-239.

impresión superficial que resulta engañosa, toda vez que el análisis de los presupuestos reflexivos de la experiencia de lo bello pone de manifiesto que, en el caso del "juicio puro de gusto" (*reines Geschmacksurteil*), el sentimiento que queda inmediatamente vinculado a la forma del objeto percibido tiene él mismo su origen no en una afección producida directamente por el objeto, sino, más bien, en el juego libre de facultades cognoscitivas del sujeto, tal como éste acontece en el contexto de autoexperiencia que corresponde al escenario característico de la "percepción reflexionada". Aunque surge con ocasión de la presencia del objeto, la representación que opera aquí como predicado del juicio, esto es, el sentimiento, no deriva, pues, del objeto mismo, al menos, no de modo directo, sino que reconoce un origen apriorístico, por estar fundado en la estructura misma de las facultades cognoscitivas (*vgr.*, en este caso, intelecto e imaginación) y, con ello, en su capacidad para cooperar armónicamente y dar lugar así a una intensificación vital que resulta experimentable de modo inmediato bajo la forma de un sentimiento de agrado peculiarísimo.

En el enlace de conciencia que constituye el juicio puro de gusto, dicho sentimiento queda, pues, inmediatamente vinculado a la forma del objeto, en el sentido preciso de que la correspondiente operación sintética de enlace no se apoya en una tercera representación, diferente de las que aparecen en el lugar del sujeto y el predicado del juicio. No menos cierto es, sin embargo, que, desde el punto de vista que atiende a su origen, el sentimiento involucrado en la experiencia de lo bello supone todo un conjunto de mediaciones, que dan cuenta, por un lado, de la vinculación temática, pero desinteresada, de la reflexión con el objeto percibido, el cual debe presentar necesariamente determinadas propiedades formales, y, por otro, de la vinculación no temática, pero causalmente eficaz, de la reflexión y el juego libre de facultades cognoscitivas apoyado en ella con el correspondiente sentimiento de intensificación vital. Sobre esta base, puede decirse, pues, que el sentimiento de lo bello posee una particular estructura "bifronte", en la medida en que, por un lado, aparece irremoviblemente anclado al objeto que proporciona la ocasión de su origen y, por otro, no surge de modo directo a partir de ese objeto mismo, el cual no constituye su causa, sino, más bien, a partir de la actividad de las facultades involucradas en el juego libre a que da lugar la reflexión desinteresada sobre el objeto. En tal sentido, el peculiar espacio de autoexperiencia que abre de modo originario la forma específica de reflexión que da lugar al sentimiento de lo bello presenta él mismo una textura "híbrida", por así decir, que combina indivorciablemente componentes de carácter empírico-objetivo y de carácter apriorístico-subjetivo. Dentro de dicho espacio, la marcada inflexión subjetiva que adquiere la reflexión en razón de sus efectos, por un lado, y su irremovible anclaje en el objeto reflexivamente tematizado, por el otro, constituyen las dos caras inseparables de un mismo y único fenómeno de autoexperiencia. Se trata, pues, de una particular forma de experiencia de sí que tiene lugar necesariamente sobre la base de la percepción de algo diferente, y que no adquiere jamás, como tal, el carácter de una tematización de sí mismo, del tipo que fuera, por parte del sujeto: *auto*experiencia, pues, pero siempre y exclusivamente en el modo de una auto*experiencia*, es decir, de una experiencia concomitante de sí, vinculada de modo inseparable al acceso temático-reflexivo a algo diferente. A destacar este aspecto apunta, precisamente, el recurso a la expresión "autoexperiencia", que he empleado hasta aquí sin mayores aclaraciones.

Pues bien, un escenario análogo, aunque en modo alguno idéntico, es el que Kant parece tener en vista en el tratamiento de *Tugendlehre*, cuando señala que el acto de la "conciencia moral[G]", en presencia de aquello que aparece como caso de aplicación de un determinado mandato moral (ley), confronta al sujeto con su deber de un modo que apunta expresamente a su absolución o condena, y que, al mismo tiempo, afecta o moviliza su sentimiento moral. Por cierto, la presencia de un caso de aplicación de una determinada ley no puede analogarse, sin más, al modo en que se presenta el objeto percibido en un escenario de "percepción reflexionada". Ello es así ya por la sencilla razón de que, cuando se trata de la aplicación de la ley, se apela necesariamente a la comparación del objeto, esto es, el caso particular, con un elemento de carácter conceptual, como lo es la ley misma, mientras que el juicio puro de gusto, al menos, en su forma más elemental, que corresponde al caso de lo que Kant denomina "belleza libre" (*freie Schönheit, pulchritudo vaga*), excluye todo tipo de mediación conceptual y, con ello, también toda comparación de casos particulares con conceptos y toda subsunción de ellos bajo conceptos (cf. *KU* § 16). Ciertamente, el paralelismo estructural se hace, también en este punto, bastante más estrecho, cuando se considera el caso de lo que Kant denomina la "belleza adherente" (*anhängende Schönheit, pulchritudo adhaerens*), ya que ésta presupone el concepto de la cosa (por ejemplo, el concepto de ser humano o de caballo) y, con ello, su perfección en concordancia con dicho concepto (cf. *KU* § 16). Y, en este sentido, no resulta casual que tanto en el tratamiento de la figura humana como "ideal de la belleza" (*Ideale der Schönheit*), es decir, como la representación en concreto de aquello que, considerado como "arquetipo" (*Urbild*) del gusto (*Geschmack*), es una mera "idea" (*Idee*) (cf. § 17), como también en el tratamiento de la belleza como "símbolo de la moralidad" (*Symbol der Sittlichkeit*) (cf. § 59), Kant se oriente fundamentalmente a partir del caso de la belleza adherente, y no a partir del de la belleza libre, aun cuando sea este último el que representa del modo más puro y más elemental aquello que busca tematizar el análisis del juicio puro de gusto. Pero, como quiera que sea, tampoco el caso de la belleza adherente se corresponde, sin más, con el tipo de situación que tiene en vista Kant, allí donde, en el marco de *Tugendlehre*, trata de dar cuenta de la peculiar función reflexiva que da lugar al acto de la "conciencia moral[G]". En efecto, la inflexión subjetiva que adquiere la reflexión tiene, en este caso, un alcance completamente diferente y mucho más marcado, pues no se trata, en modo alguno, del mismo espacio de reflexión ni del mismo tipo de autoexperiencia.

Baste con señalar, a este respecto, que la reflexión estrictamente moral, allí donde concierne no sólo a la situación objetiva de aplicación de la ley moral, sino también a lo que constituye el deber del sujeto individual confrontado con ella, no puede adoptar jamás una perspectiva distanciada y desinteresada, de carácter puramente contemplativo. No se está aquí en presencia, por lo mismo, de un escenario de mera "percepción reflexionada", al que se puede concurrir, por así decir, de modo puramente facultativo. Por el contrario, se trata aquí de un escenario de confrontación inevitable, en el cual la reflexión debe necesariamente tomar en cuenta, y con especial cuidado, también las intenciones y los intereses que vinculan al sujeto con el objeto que ella misma tematiza, pues lo que se ha de enjuiciar, desde el punto de vista estrictamente moral, es precisamente la aptitud moral de tales intenciones e intereses, y no sólo la necesaria congruencia del "objeto" o la "situación objetiva" en cuestión con la ley de la cual proporcionaría el caso. Por lo mismo, el carácter de *auto*enjuiciamiento que adquiere aquí la reflexión no se ve, en modo alguno, mitigado por el hecho de tener que recurrir a procedimientos de nomologización que involucran la adopción, al menos, transitoria, de un punto de vista universalizado y, con ello, despersonalizado. Como se vio ya, lo que está en juego en tales procedimientos no es, en definitiva, sino la aptitud moral de las intenciones y los intereses particulares a los que dan expresión las correspondientes máximas, en su calidad de principios subjetivos de determinación del querer o la voluntad. Se trata, pues, de un contexto de autoexperiencia, dentro del cual el momento autorreferencial, que no puede ser puesto entre paréntesis sino de modo consciente y meramente transitorio, adquiere un carácter expreso y, en ocasiones, incluso fuertemente marcado, que trae consigo también peculiares repercusiones afectivas o, si se prefiere, emocionales. Lo que sustenta la analogía con el caso del sentimiento de lo bello no es, justamente, sino la peculiar conexión estructural que vincula en ambos casos, cada uno a su modo, la reflexión y el sentimiento. En efecto, y con independencia de las demás diferencias, tanto en el caso del sentimiento de lo bello como en el caso del sentimiento moral, tal como éste acompaña al acto de la "conciencia moral[G]" que lo moviliza, se trata de sentimientos que se originan sobre la base de las correspondientes prestaciones del juicio reflexivo, esto es: sin ser causados de modo directo por los "objetos" particulares a los cuales queda referida en cada caso la propia reflexión.

Ahora bien, en lo que concierne específicamente al carácter del sentimiento asociado con la actividad reflexiva de la "conciencia moral[G]", Kant lamentablemente no da mayores explicaciones. Más bien, se limita a señalar que lo que tal actividad reflexiva moviliza no es otra cosa que el "sentimiento moral" (*das moralische Gefühl*), el cual había sido discutido ya en la sección inmediatamente precedente del tratamiento de las "prenociones estéticas" (cf. *Tugendlehre* p. 399 s.). Allí Kant indicaba simplemente que el sentimiento moral es una forma de "receptividad" (*Empfänglichkeit*), más precisamente, aquella que consiste en la capacidad de experimentar agrado (*Lust*) o desagrado (*Unlust*) a partir de la mera conciencia ya de la concordancia (*Übereinstimmung*) ya del conflicto (*Widerstreit*), respectivamente, de nuestras acciones con la "ley del deber" (*Pflichtgesetz*) (cf. p. 399). La ausencia de mayores precisiones ha llevado a algunos intérpretes a reprochar a Kant lo que sería una insalvable oscuridad de fondo en su concepción relativa a las relaciones entre el "sentimiento moral" y la "conciencia moral[G]". En tal sentido, a la falta de ulterior determinación del carácter del "sentimiento moral" se añadiría también el hecho de que la "conciencia moral[G]" quedaría caracterizada ella misma de dos maneras diferentes, difícilmente compatibles, a saber: por un lado, como una "prenoción estética" y, por otro, como una "disposición intelectual".[10]

A mi modo de ver, lo que se pierde de vista irremediablemente en este tipo de crítica es el hecho elemental, pero de crucial importancia, de que Kant no establece una simple identificación de "sentimiento moral" y "conciencia moral[G]", sino que apunta, más bien, a establecer una cierta secuencia de momentos en la explicación de un mismo fenómeno unitario resultante. En efecto, Kant caracteriza al "sentimiento moral", tomado por sí solo, según se vio, no todavía como la afección resultante del acto de la "conciencia moral[G]", sino, más bien, como una mera capacidad receptiva de las correspondientes afecciones. Y sostiene, además, que es el acto de la "conciencia moral[G]" el que afecta sensiblemente al sujeto, y ello, justamente, en la medida en que éste posee tal capacidad receptiva. En tal sentido, el sentimiento resultante, que no puede ser causado de modo directo por ningún objeto, queda intrínsecamente conectado, en razón de su origen, con el acto mismo de la "conciencia moral[G]". Por lo mismo, desde el punto de vista subjetivo, este último presenta un carácter necesariamente dual. En efecto, se trata, por una parte, de un acto reflexivo que posee, como tal, un carácter intrínsecamente intelectual, pero que, por otra parte, aparece a la vez como necesariamente enlazado con un sentimiento, ya sea de agrado o de

10 En este sentido, véase la crítica de Goy (2013) p. 188 s.

desagrado, el cual posee, a su vez, un origen reflexivo. Dado que la reflexión comporta aquí, como se dijo ya, una inflexión marcadamente subjetiva, es completamente razonable que Kant, atendiendo al peculiar tipo de autoexperiencia que hace posible de modo ejecutivo la "conciencia moral[G]", caracterice a esta última no sólo con vistas al carácter intrínsecamente intelectual de su acto, sino también con vistas al carácter sensible o, más precisamente, sentimental o emocional de los efectos subjetivos que trae necesariamente consigo. Así vistas las cosas, puede decirse, pues, que el peculiar tipo de autoexperiencia que hace posible la operación de la "conciencia moral[G]" se sitúa, como tal, en la zona de confluencia de las capacidades intelectuales y sensibles o, más precisamente, sentimentales, del sujeto. La analogía, aunque no identidad, con el caso de la peculiar capacidad que Kant denomina el "gusto" (*Geschmack*) salta, pues, a la vista, también desde este ángulo de mirada.

Por último, conviene recalcar algo ya observado anteriormente: cuando, de modo semejante a lo que ocurría ya en el tratamiento de *Religion*, Kant se refiere aquí a la "conciencia moral[G]" como si se tratara, sin más, de la propia "razón", en este caso, la "razón práctica" (*praktische Vernunft*) (cf. *Tugendlehre* p. 400), resulta poco menos que obvio que no pretende establecer una genuina equivalencia entre ambas facultades, que había previamente distinguido. Como nadie ignora, Kant emplea el término "razón" tanto en un sentido amplio, que incluye todas las facultades del espíritu (humano), como también en un sentido estrecho que se refiere a la "facultad de los principios", la cual se distingue no sólo del entendimiento, sino también de la voluntad, la facultad del juicio y la sensibilidad, en todas sus formas. En sus escritos éticos, por caso, Kant identifica en ocasiones la razón práctica, sin más, con la (buena) voluntad, pero, en otros casos, también aclara, para evitar toda posible confusión, que es la razón la que determina la (buena) voluntad, y no viceversa. Pues bien, desde el punto de vista terminológico, puede decirse que algo comparable ocurre aquí con la "conciencia moral[G]", por un lado, y la "razón práctica", por el otro. Como se ha visto, ya en el tratamiento de *VM* Kant las distinguía nítidamente, al caracterizar a la primera como instancia de aplicación de la ley y a la segunda, en cambio, como instancia legislativa. Esta fijación de funciones no varía posteriormente, como puede comprobarse también a la luz de otros pasajes de la propia *Tugendlehre*, en los cuales la "conciencia moral^G^" queda expresamente identificada con la "facultad del juicio", en una de sus posibles funciones, y no con la razón práctica misma. Esto es así, justamente, en la medida en que la operación de la "conciencia moral^G^" se sitúa, como tal, en el plano que concierne a la aplicación de la ley moral provista por la razón, allí donde tal aplicación y la reflexión que la posibilita adquieren una inflexión predominantemente subjetiva, en el sentido explicado anteriormente.

A este conjunto de conexiones volveré más abajo. Por el momento, baste con señalar que la interpretación que estoy proponiendo, basada en la identificación de la "conciencia moral^G^" y la "facultad del juicio", en una de sus posibles funciones, explica también la paradoja antes señalada, según la cual una obligación de tener "conciencia moral^G^" o bien de seguir a la "conciencia moral^G^" generaría irremediablemente un regreso al infinito. En efecto, no se tiene aquí sino un caso particular de la misma paradoja estructural que parece afectar a la facultad del juicio en *todas* sus posibles funciones, y ello, justamente, por cuanto la facultad del juicio, como instancia que garantiza la (debida) aplicación de reglas, ya no puede estar ella misma sujeta a una regla. En efecto, en caso contrario, el recurso a nuevas reglas que hagan posible la aplicación se remontaría necesariamente al infinito: si la aplicación de la regla A queda sujeta a una regla B, que a su vez debe ser ella misma aplicada, entonces se requiere una regla C, que regule la aplicación de la regla B, etc. Se trata, pues, de lo que se conoce habitualmente bajo el nombre de la "aporía de la facultad del juicio" o bien la "aporía de la aplicación".[11] En inmediata conexión con el problema señalizado por dicha aporía, Kant explica que la facultad del juicio constituye ella misma un talento natural, que no se puede enseñar sino tan sólo ejercitar (cf. *KrV* A 133 / B 172). Su conclusión resulta, por lo mismo, lapidaria: "la carencia de facultad del juicio (*der Mangel an Urteilskraft*) es propiamente lo que se denomina

11 Para una discusión de la "aporía de la aplicación", considerada como una de las aporías que caracterizan estructuralmente a la razón práctica en su ejercicio, véase Wieland (1989) p. 22 ss.

estupidez (*Dummheit*), una deficiencia (*Gebrechen*) a la cual no hay cómo prestarle ayuda" (cf. A 133 / B 173). Como hace notar W. Wieland, Kant resuelve la "aporía de la facultad del juicio", en general, por vía de su naturalización, vale decir, caracterizándola como un talento natural.[12] En esta misma línea, sugiero, pues, que algo análogo vale también para el caso particular de la "conciencia moral[G]". En efecto, también en este caso es cierto que la única posible disyuntiva es la de que o bien se la tiene, o bien no se la tiene. Por cierto, se puede ejercitar y cultivar la habilidad de prestarle oídos, como se verá más abajo, pero jamás se podría adquirir la propia "conciencia moral[G]" partiendo, por así decir, de una suerte de un punto cero.

En tal sentido, Kant señala, como se vio, que todo ser humano, *como ser moral* (*als sittliches Wesen*), posee originariamente la capacidad que constituye la "conciencia moral[G]" (cf. *Tugendlehre* p. 400). ¿Quiere implicar con ello que no existe algo así como la carencia de "sentido moral", al modo en que evidentemente sí existe la "estupidez"? No necesariamente. Pero, en tal caso, ya sea que se trate de una incapacidad congénita, de una inmadurez transitoria o bien de una alteración patológica, la consecuencia es que ya se no estaría en presencia de un "ser moral", en el sentido pleno o más propio del término, vale decir, de alguien capaz de asumir por sí mismo la dirección de su vida con arreglo a criterios morales de enjuiciamiento de su propia conducta. De este tipo de situaciones dan cuenta, en el plano de la organización social, las diferentes formas de la institución de la tutela, a través de las cuales terceras personas adquieren la potestad de ver por el bien de quien es transitoria o permanentemente incapaz de hacerse cargo responsablemente de sí mismo. En cualquier caso, como Kant mismo explica, tampoco se podría pensar en una supuesta obligación de tener "conciencia moral[G]" dirigida a aquel que no la poseyera, y ello por la sencilla razón de que para reconocer dicha obligación como *su propia* obligación, necesitaría poseer precisamente aquello de lo que carece, esto es, una "conciencia moral[G]" (cf. *Tugendlehre* p. 400 s.). En tal sentido, Kant explica poco más adelante que "obrar en conciencia" (*nach Gewissen zu handeln*),

12 Véase Wieland (2001) p. 149 ss.

es decir, siguiendo a la "conciencia moral[G]", no podría ser ello mismo un deber, pues, en tal caso, tendría que haber una segunda "conciencia moral[G]", para poder ser consciente de la necesidad del acto de la primera (cf. p. 401).

4.2.3. Excurso: sentimiento moral y respeto

Antes de proseguir con los aspectos restantes de la caracterización de la "conciencia moral[G]" en el marco del tratamiento de las "prenociones estéticas", conviene hacer algunas precisiones sobre el modo en el cual Kant caracteriza los dos sentimientos que reconoce como intrínsecamente conectados con la esfera de la moralidad, a saber; el "sentimiento moral" (*moralisches Gefühl*), por un lado, y el "respeto" (*Achtung*), por el otro.

Como se vio, entre las "prenociones estéticas" de *Tugendlehre* Kant incluye ambos tipos de sentimiento y los trata por separado. Esta situación debería bastar por sí sola, al menos, para intentar resistir la tentación de identificarlos. Pero es un hecho, sin embargo, que la investigación especializada, con sorprendente frecuencia, ha sucumbido a ella. Parte de la explicación tiene que ver, sin duda, con el papel marginal que cumple la noción de sentimiento moral en los escritos éticos de Kant, frente al papel protagónico que corresponde, en cambio, a la noción de respeto. Otra parte de la explicación, más importante incluso desde el punto de vista sistemático, ha de buscarse en una insuficiente atención, favorecida por lo escueto del texto, a los diferentes niveles de consideración que Kant tiene aquí en vista. Por último, una ulterior consecuencia negativa de la apresurada identificación de sentimiento moral y respeto viene dada, a su vez, por el intento de restringir el alcance de la propia noción de respeto, tal como es tratada en el marco de la discusión de las "prenociones estéticas", al caso particular del "respeto frente a sí mismo" (*Achtung für sich selbst*) o bien "aprecio por sí mismo" (*Selbstschätzung*), y ello con la intención manifiesta de hallar cierta justificación para el hecho de que Kant le dedique un apartado separado.[13] Este tipo de aproximación al asunto falla, sin embargo, por su misma

13 Para esta línea interpretativa, ampliamente difundida, que combina de diversos modos la identificación, siquiera tendencial, de sentimiento moral y respeto, por un lado, y la restricción, cuando menos contextual, del respeto al autorrespeto, por el otro, véase, por ejemplo, Guyer (2010).

base, ya que, en rigor, no hay razón alguna, ni textual ni sistemática, para proceder a una simple identificación de sentimiento moral y respeto. Por el contrario, una interpretación adecuada, atenta a los diferentes niveles de consideración aquí relevantes, debe esforzarse, más bien, por mantener la diferencia que Kant de hecho establece y por hacerla comprensible por referencia a sus propias presuposiciones. Veamos, pues, lo que Kant tiene para decir de cada uno de ambos sentimientos.

1) Sentimiento moral

En lo que concierne a la noción de sentimiento moral, es sabido que Kant la toma de autores emblemáticos dentro de la tradición del llamado "sentimentalismo moral" británico, tales como A. Ashley-Cooper (Shaftesbury), F. Hutcheson, D. Hume y A. Smith.[14] Igualmente sabido es que Kant nunca adoptó él mismo una posición en la línea de la que defienden esos autores, puesto que siempre rechazó la posibilidad de buscar en el ámbito del sentir, en cualquiera de sus posibles formas, el fundamento de la moralidad, el cual debe ser, a su juicio, de carácter estrictamente racional. El sentimiento juega, por cierto, un papel importante en el ámbito de despliegue del juicio práctico-moral, pero ello no implica, como se dijo ya, que dicho papel deba buscarse por el lado de la fundamentación de la moralidad o de la justificación de las pretensiones de validez de los juicios morales.

Pues bien, Kant establece, como se vio, una estrecha asociación funcional entre el sentimiento moral y la "conciencia moral^G". Si la interpretación ofrecida más arriba es correcta, ambos deben verse como aspectos funcionalmente diferentes, dentro de una autoexperiencia de carácter unitario: el sentimiento moral, como capacidad de ser afectado por la constatación intelectual de la coincidencia o bien el conflicto de una acción con las leyes del deber, es movilizado, por así decir, por la operación reflexiva

[14] Para la influencia de estos autores en el periodo precrítico del pensamiento de Kant, puede consultarse todavía con provecho la presentación de Schilpp (1938) esp. caps. III-VI. Como señala Schilpp, la familiaridad con los moralistas ingleses que revelan los escritos tempranos no implica, en ningún momento, la adopción por parte de Kant de las tesis centrales de la moral del sentimiento. Para la evolución de la posición de Kant frente a la moral del sentimiento, puede verse ahora Zhouhuang (2017). Para el intento kantiano por mediar entre racionalismo y sentimentalismo, con especial referencia a las posiciones de Wolff y Hutcheson, véase también Schadow (2013) p. 25-46.

de la "conciencia moral[G]", de modo tal que ésta da lugar a un sentimiento de agrado o bien de desagrado, respectivamente. Dada esta estrecha asociación funcional con la "conciencia moral[G]", resulta obvio que, desde el punto de vista sistemático, el sentimiento moral queda situado en el nivel de consideración que corresponde exclusivamente a la aplicación de lo que Kant llama aquí la "ley del deber" (*Pflichtgesetz*) a las acciones. Por lo mismo, el agrado o el desagrado de que aquí se trata no se refieren, como tales, a la ley moral misma, sino tan sólo a las acciones, en la medida en que éstas guarden o no la debida correspondencia con ella. Por este lado, se advierte, pues, de inmediato, que el sentimiento moral queda referido, al igual que el juicio de la "conciencia moral[G]", *a lo particular en tanto particular*, y no, en cambio, a algo que, como la ley moral, es una configuración de carácter estrictamente universal, ni tampoco, al menos en primera instancia, a generalizaciones de corte tipológico, tales como las máximas, consideradas por sí mismas, o bien las acciones, consideradas en abstracto.[15] Desde luego, al

15 Como es natural, la adopción de una máxima, y no la propia máxima, puede verse como el resultado de una toma de posición activa por parte del agente, que cuenta ella misma como una actuación particular y queda, en esa misma medida, sujeta al examen crítico-reflexivo que lleva a cabo la "conciencia moral[G]". Allí donde la máxima adoptada no es ella misma concordante con la ley moral, el agente puede reprocharse a sí mismo el hecho de adoptarla o haberla adoptado, como a menudo ocurre, cuando alguien enmienda sus propios propósitos y considera desde una nueva perspectiva determinados aspectos de su propia actuación. Desde un punto de vista puramente analítico, que no implica necesariamente una correspondiente secuencia cronológica, se tiene, pues, en este tipo de casos una estructura recursiva en dos niveles de reflexión: por un lado, se tiene la reflexión que acompaña o debe acompañar a la adopción misma de la máxima, en tanto toma de posición activa por parte del agente respecto de un determinado contenido proposicional, y, por otro lado, la reflexión que corresponde al examen crítico de la propia actuación, al haber adoptado dicha máxima, optando libremente por ella como principio subjetivo del propio querer. Sólo este último nivel de reflexión corresponde propiamente a la operación de la "conciencia moral[G]", puesto que concierne a una determinada actuación particular, aunque por lo pronto puramente interior. Como tal, constituye ella misma una actuación que el sujeto puede y debe considerar también desde el punto de vista de su concordancia o falta de concordancia con la ley moral, que es, precisamente, aquella que manda obrar sólo según máximas que satisfagan las exigencias de la forma de la legalidad. En cambio, el primer nivel de reflexión concierne, ciertamente, a la función reflexiva de la facultad del juicio, pero no, de modo específico, a la operación de la "conciencia moral[G]", puesto que la reflexión no toma aquí por objeto todavía ninguna actuación particular sino tan solo el contenido proposicional de la máxima misma. En suma: sólo el descenso al nivel de la actuación particular misma, el cual trae aquí necesariamente consigo también el añadido de una dirección subjetiva de consideración expresa, abre el espacio de consideración dentro del cual puede desplegar la "conciencia moral[G]" su peculiar operación de carácter crítico-reflexivo, referida a lo particular en tanto particular y anclada, de modo irremovible, en la perspectiva de la primera persona.

igual que el enjuiciamiento llevado a cabo por la "conciencia moral[G]" como instancia de aplicación, también el sentimiento moral presupone necesariamente la ley del deber como ya dada. Y Kant lo hace notar expresamente, cuando señala que, a diferencia del sentimiento meramente patológico, el sentimiento moral no precede a la representación de la ley moral, sino que sólo puede seguirla (cf. *Tugendlehre* p. 399). Es eso mismo lo que explica, en definitiva, su carácter intrínsecamente moral. Sin embargo, no se sigue de aquí, como es obvio, que la ley moral sea aquello a lo que el sentimiento moral queda, como tal, referido. Por el contrario, Kant enfatiza desde el comienzo que el sentimiento moral deriva de la conciencia (*Bewußtsein*) de la concordancia o el conflicto de *nuestra* acción (unserer *Handlung*, subrayado mío) con la ley del deber (cf. p. 399).

La estrecha asociación funcional con la "conciencia moral[G]" permite explicar también otras dos características distintivas que Kant atribuye al sentimiento moral. La primera tiene que ver con su carácter de disposición natural, que, en cuanto capacidad, no puede faltar completamente a ningún ser humano. Alguien que estuviera completamente carente de esta peculiar capacidad de ser sensiblemente afectado (*Empfindlichkeit*) estaría, explica Kant, "moralmente muerto" (*sittlich tot*): si su "fuerza vital moral" (*sittliche Lebenskraft*), para decirlo al modo de los médicos, ya no produjera ningún estímulo (*Reiz*) del sentimiento en el agente individual, entonces ocurriría que la humanidad (*Menschheit*) de éste se disolvería, como si siguiera las leyes de la química, en la mera animalidad (*Tierheit*) y quedaría así irrecuperablemente diluida en la masa indiferenciada de los demás seres naturales (*Naturwesen*) (cf. p. 400). La metafórica de corte médico y químico que Kant emplea en el pasaje resulta apropiada para recalcar el carácter puramente contrafáctico de la hipótesis considerada, pues lo característico de la humanidad, definida ella misma en términos de su capacidad moral, consiste, justamente, en no ser susceptible de reducción sin residuo a la mera animalidad.[16]

---

16 Para el alcance y las consecuencias de este argumento, también en conexión con la llamada "relevancia epistémica" del sentimiento moral, véase Ludwig (2014).

Una segunda característica distintiva del sentimiento moral queda apenas sugerida en el texto, pero es muy importante ponerla de relieve. Se trata de su carácter esencialmente autorreferencial. En efecto, como se vio arriba, Kant señala que el objeto de referencia del sentimiento moral son *nuestras* propias acciones, en cuanto mantienen correspondencia o bien entran en conflicto con la ley del deber. Se trata aquí, dicho de modo más preciso, de las acciones de *cada* agente individual, consideradas reflexivamente en foro interno y, por tanto, desde la perspectiva de la primera persona, y no de acciones consideradas de modo general o en abstracto, ni tampoco, en primera instancia, de las acciones de los demás. Este peculiar carácter autorreferencial del sentimiento moral, en tanto referido a las acciones del propio agente, no es sino una consecuencia directa del modo en el cual Kant vincula el sentimiento moral con la operación de la "conciencia moral[G]", cuya función reflexiva resulta ajena a toda posible externalización y queda irremoviblemente anclada en la perspectiva de la primera persona. El sentimiento moral, en el sentido que Kant da a la expresión en *Tugendlehre*, no debe ser, pues, confundido con ningún sentimiento de aprobación o rechazo que acompañe el enjuiciamiento moral de las acciones de otros, ya que este último tipo de enjuiciamiento moral, en la medida en que resulta posible, tampoco cae dentro de la esfera de competencia de la "conciencia moral[G]". No hay duda de que también el enjuiciamiento moral de las acciones ajenas va acompañado, con altísima frecuencia, de resonancias afectivas y emocionales de diverso tipo. Kant es perfectamente consciente de ello y sus escritos contienen, como nadie ignora, toda una cantidad de elementos que hacen referencia a este tipo de fenómenos, relacionados, al menos de modo indirecto, con la capacidad de ser sensiblemente afectado por los conceptos de la moralidad.[17] El punto que aquí interesa es, sin embargo, diferente, puesto que concierne, de modo específico y exclusivo, al tipo peculiar de resonancia

---

17 Para una muy buena discusión de diversos aspectos vinculados con el modo en el que Kant tematiza las resonancias afectivo-emocionales de la actividad racional, en sus diversas posibles formas, véase Sánchez Madrid (2016). Una diferenciada presentación de los principales aspectos que abarca la concepción kantiana de las relaciones entre razón y emoción se encuentra en el escueto, pero muy instructivo libro de M. de L. Borges, citado también por Sánchez Madrid, de quien obtuve la referencia. Véase Borges (2012).

afectiva que va indivorciablemente asociado a la operación reflexiva de la "conciencia moral^G". Va sin decir, por tanto, que el ámbito de tal tipo de resonancia afectiva se extiende tanto como el ámbito de competencia de la "conciencia moral^G" misma, en todos los posibles modos de ejecución de su función crítico-reflexiva que Kant distingue y tematiza (*vgr.* prospectivo, sincrónico, retrospectivo).

Por último, hay que añadir una consideración referida al carácter mismo del sentimiento moral, más precisamente, a su característica bivalencia cualitativa, la cual no altera, sin embargo, su monovalencia normativa, como sentimiento de índole intrínsecamente moral. En efecto, se dijo ya que el sentimiento moral puede revestir la forma del agrado o bien el desagrado, según se esté en presencia de un caso de concordancia o bien de conflicto, respectivamente, de la acción con la ley del deber. Dada la estrecha asociación funcional que Kant establece entre sentimiento moral y "conciencia moral^G", en virtud de la cual es la operación reflexiva que lleva a cabo ésta última la que activa o moviliza la capacidad receptiva de aquél, se sigue entonces que la diferencia cualitativa entre agrado y desagrado tiene aquí, necesariamente, un carácter resultativo, vale decir, concierne a los efectos de tal activación o movilización. Ahora bien, puesto que la operación reflexiva de la "conciencia moral^G" tiene como punto de referencia inamovible la ley moral misma, resulta inmediatamente claro que tanto el agrado como el desagrado deben verse aquí ambos como reacciones afectivo-emocionales positivamente normadas, más allá de su irreductible oposición cualitativa. Dicho de otro modo: desde el punto de vista estrictamente moral, es igualmente correcto tanto sentir agrado frente a aquello que concuerda con la ley moral como sentir desagrado frente a aquello que entra en conflicto con ella. La bivalencia cualitativa que caracteriza al sentimiento moral, desde el punto de vista de los efectos de su activación o movilización por parte de la "conciencia moral^G", debe verse, por tanto, como genuina expresión de su monovalencia normativa, en tanto sentimiento que posee, en razón de su mismo origen, un carácter intrínsecamente moral. Desde este punto de vista, el sentimiento moral, como disposición natural, constituye, pues, la capacidad de experimentar el tipo específico de reacción afectivo-emocional frente a las acciones particulares que está, en cada caso, en línea con el juicio moral objetivo del agente individual, tal como éste tiene lugar sobre la base de la operación reflexiva de su "conciencia moral^{G}".

A partir de lo dicho, resulta suficientemente claro que el tratamiento del sentimiento moral que Kant ofrece en *Tugendlehre* apunta, en términos generales, a poner de relieve su estrecha asociación funcional con la operación reflexiva de la "conciencia moral^{G}". Por lo mismo, no resulta extraño que, a modo de conclusión, Kant enfatice que no tenemos algo así como "un sentido particular" (*ein besonderer Sinn*) para el bien y el mal moral (*für das (sittlich-)Gute und Böse*), como tampoco lo tenemos, en el ámbito del mero conocimiento, para la verdad: el sentimiento moral no constituye, pues, algo así como una vía independiente de acceso, de carácter sensible, a la cualidad moral de las acciones,[18] sino que es simplemente la capacidad receptiva (*Empfänglichkeit*) que le permite al "libre arbitrio (*freie Willkür*) ser afectado por el modo en el que la razón y su ley lo ponen en movimiento" (cf. p. 400). Que se trate aquí del libre arbitrio, y no de la voluntad, confirma, de modo adicional, que el sentimiento moral representa el tipo peculiar de resonancia afectivo-emocional que acompaña a las funciones ejecutivas del querer, mediadas por la función reflexiva de la facultad del juicio y sobre las cuales recae también el examen crítico-reflexivo de la "conciencia moral^{G}", y no, en cambio, a la determinación apriorística de la voluntad por parte de la razón (pura) práctica, en su función legislativa.[19]

18 En este sentido, Kant critica como inadecuado (*nicht schicklich*) el empleo de la expresión "sentido moral" (*moralischer Sinn*) para designar lo que él mismo llama "sentimiento moral" (*moralisches Gefühl*), justamente, en la medida en que, en su empleo habitual, la expresión "sentido" designa, más bien, el tipo de acceso a objetos (*auf Gegenstände*), de corte puramente teórico (*theoretisch*), que facilita la capacidad perceptiva (*Wahrnehmungsvermögen*) (cf. *Tugendlehre* p. 400). Como es sabido, la correspondiente expresión inglesa, esto es, "*moral sense*", es empleada por Hutchenson. Para una discusión de este punto y otros conexos, véase Baum (2014).

19 Para esta distinción kantiana entre voluntad (*Wille*) y arbitrio (*Willkür*), véase Allison (1990) cap. 7. Como señala Allison p. 129 s., la distinción es formulada de modo expreso, por primera vez, en *MdS* (cf. *Rechtslehre*, "Einleitung in die Metaphysik der Sitten" II, esp. p. 213 s.; III, p. 226), pero ya está presente operativamente en escritos como *KpV* y *Religion* (cf., por ejemplo, *KpV* p. 33: *Autonomie des Willens / Heteronomie der Willkür*, p. 74, etc.; *Religion* p. 27 *et passim*: [*freie*] *Willkür*). Por medio de esta distinción, Kant apunta a dos diferentes funciones de lo que en *MdS* se denomina, de modo genérico, la "facultad de desear según conceptos" (*Begehrungsvermögen nach Begriffen*) (cf. *Rechtslehre*, "Einleitung in die Metaphysik der Sitten" II, p. 213).

2) Respeto

A diferencia de lo que ocurre con la noción de sentimiento moral, el empleo kantiano de la noción de respecto no puede verse, en modo alguno, como una derivación a partir del vocabulario característico del sentimentalismo moral británico. Por el contrario, se trata, más bien, de una noción que adquiere relieve filosófico y un significado, por así decir, marcado y específico por primera vez en la obra del propio Kant. Como se sabe, la expresión alemana *Achtung*, que es la que en el uso de Kant se vierte al español como "respeto", deriva del verbo *achten*, que, ya desde tiempos muy anteriores a Kant (siglo IX en adelante), posee dos significados principales: por un lado, el significado de "considerar como", "estimar como", "tener por", o incluso "opinar"; por otro, el significado de "atender", "prestar atención", "tener en cuenta" o bien "observar", en el sentido de "acatar". También el sustantivo *Achtung* está documentado desde muy temprano (siglo IX en adelante), y su significado oscila dentro de un campo semántico que cubre los significados de "consideración", "respeto", "aprecio" o incluso "reconocimiento".[20] Puede decirse que el actual empleo de ambos términos en el lenguaje corriente guarda, en lo esencial, bastante continuidad con toda esta gama de posibles significados. Lo que resulta distintivo en el empleo kantiano consiste poco menos que exclusivamente en el carácter marcado que adquiere el sustantivo *Achtung*, tomado en un sentido específicamente moral. En efecto, en el empleo kantiano, *Achtung* da expresión a una noción específica de respeto, que al sentido básico de observancia y acatamiento (latín: *observantia*) le imprime una inflexión característica en virtud de la cual adquiere connotaciones que remiten, más bien, a la noción de reverencia (latín: *reverentia*). Así lo señala el propio Kant expresamente al tratar la noción de respeto en la discusión de las "prenociones estéticas" de *Tugendlehre* (cf. p.

Así, la noción de arbitrio se refiere a la función ejecutiva de dicha facultad de desear, como fuente de la elección y la decisión, mientras que la noción de voluntad, en su sentido estrecho, se refiere a su función legislativa. Con todo, Kant emplea a menudo la noción de voluntad también en un sentido más amplio, que cubre ambas funciones.

20 Para más detalles sobre la etimología y la historia del empleo de ambos términos, el verbo y el sustantivo, véase Brezina (1999) p. 33 ss.

402). Con este desplazamiento semántico hacia el significado de reverencia se conecta también, de modo inmediato, la estrecha vinculación que Kant establece entre la noción de respeto, en su sentido específicamente moral, por un lado, y, por otro, las nociones, positivamente calificadas, de (auto)humillación (*Demütigung*) y (auto)sometimiento (*Unterwerfung*), en la medida en que estas últimas remiten a actitudes intrínsecamente libres, a través de las cuales adquiere expresión, con particular nitidez, la libertad constitutiva del sujeto moral finito (cf. *KpV* p. 78 ss.).

Pues bien, el primer y más importante rasgo diferencial del respeto, como el tipo peculiar de sentimiento intrínsecamente moral que es, concierne a su peculiar "objeto" de referencia. A diferencia de lo que ocurre en el caso del sentimiento moral, el respeto no queda referido, como tal, a las acciones particulares, ya sean las del propio agente individual o bien las de las de los otros que son como él. Por el contrario, Kant señala de modo expreso que el respeto se refiere primariamente a la ley moral misma: el respeto, en el sentido específicamente moral que Kant vincula con la noción, debe entenderse, pues, primariamente, como "respeto por la ley (moral)" (*Achtung für das Gesetz*) (cf. *Grundlegung* p. 400 s.; *KpV* p. 75, 80). Su "objeto" de referencia, si es que se puede hablar así, no es, por tanto, nada particular, tampoco las acciones particulares de nadie, sino, más bien, algo de carácter estrictamente universal, como lo es la ley moral misma. Por lo mismo, y es una segunda característica diferencial de gran importancia sistemática, el sentimiento de respeto no aparece conectado en Kant, de modo inmediato, con la operación reflexiva de la facultad del juicio, mucho menos, allí donde esta última se presenta bajo la forma de la "conciencia moral[G]", cuya tarea de reflexión, aunque presupone como ya dada la ley moral, queda referida siempre, de modo primario, a las acciones particulares del agente individual, consideradas desde la perspectiva de la primera persona. Lo mismo ocurre también, como es obvio, con el sentimiento moral, ya sea en la forma del agrado o el desagrado, en la medida en que queda indisolublemente vinculado, como se vio, a la operación de la "conciencia moral[G]". El propio Kant señala de modo expreso que, desde el punto de vista de su origen, el sentimiento de respeto no guarda conexión con la función reflexiva de la facultad del juicio, en ninguno de sus posibles modos de ejecución, sino, más bien, con una operación específica de determinación, a saber: aquella en virtud de la cual la razón (pura) práctica determina de modo apriorístico, sin mediación de nada empírico (*vgr.* la inclinación), la voluntad, y ello de modo tal que el sentimiento de respeto debe verse él mismo como inmediatamente vinculado con el "efecto" (*Wirkung*) de tal determinación (cf. *Grundlegung* p. 401 y nota; véase también *KpV* p. 78).[21]

Así, visto como el reverso subjetivo de la determinación objetiva de la voluntad por la razón, el "respeto por la ley (moral)" puede caracterizarse como "la conciencia de un *libre* sometimiento de la voluntad bajo la ley, ‹que va asociado› con una inevitable coacción (*Zwang*) que se les hace a todas las inclinaciones, pero sólo a través de la propia razón (*durch die eigene Vernunft*)" (cf. *KpV* p. 80, subrayados de Kant). El respeto constituye, pues, la inevitable resonancia afectivo-emocional en el agente moral individual del hecho de saberse sometido él mismo a leyes morales, en la misma medida en que su voluntad queda apriorísticamente determinada por la razón, vale decir, en la misma medida en que él mismo puede prescindir de todo otro motivo empírico, a la hora de adoptar determinadas máximas de su querer. Así, por ejemplo, quien adopta la máxima de no prometer en falso para obtener una ventaja, en la medida en que la adopta, lo hace exclusivamente por respeto a la ley moral, dado que no puede haber ningún otro genuino motivo para la adopción de tal máxima (cf. *Grundlegung* p. 402 s.). Y ello es

21 La pretendida identificación de sentimiento moral y respeto puede venir motivada, entre otras cosas, también por aquellos pasajes en los cuales, para enfatizar la absoluta peculiaridad del respeto, Kant lo califica como "el único sentimiento que reconocemos completamente *a priori*" (cf. *KpV* p. 73: "das einzige ‹*sc.* Gefühl›, welches wir völlig *a priori* erkennen") o bien como "el único y, a la vez, indubitable motor moral" (cf. p. 78: "die einzige und zugleich unbezweifelte moralische Triebfeder"). En este mismo sentido, Kant se refiere al respeto, en ocasiones, como aquel sentimiento que verdaderamente es un sentimiento moral, en el sentido más propio del término (cf. p. 75, 80). Nada de esto impide, sin embargo, mantener una nítida distinción entre lo que en *Tugendlehre* se llama sentimiento moral, por un lado, y el respeto, por el otro. Más aún: el sentimiento moral, en el sentido que se da a la expresión en *Tugendlehre*, ni siquiera podría ser caracterizado como un genuino motor moral, puesto que él mismo no guarda conexión con la determinación apriorística de la voluntad. A todas luces, lo que explica que Kant ponga fuertemente de relieve la peculiaridad del respeto como el único sentimiento moral originario es, más bien, el hecho de que el sentimiento moral posee él mismo, como se verá más abajo, un carácter meramente derivativo, puesto que está fundado, en último término, en el respeto.

así, incluso en el caso de que, antes o después, sus acciones pudieran ocasionalmente no resultar concordantes con la máxima adoptada. En efecto, la adopción de una máxima, por sincera que pudiera ser en su calidad de propósito, no garantiza, en modo alguno, la infalibilidad moral del agente, a la hora de obrar en concreto: en el caso de un agente moral finito e imperfecto, la convicción moral, por firme que pudiera llegar a ser en ocasiones, no basta jamás por sí sola para eliminar de raíz toda inclinación opuesta a la ley moral, que pudiera recuperar su eficacia como motivo, siquiera transitoriamente, en un determinado contexto de actuación. Para el agente moral finito, la "santidad" (*Heiligkeit*) de la voluntad representa tan sólo una "idea práctica" (*praktische Idee*), que cumple, sin duda, una importantísima función regulativa, como punto de referencia final de un proceso interminable de aproximación gradual, pero que, por lo mismo, no puede constituir jamás un objetivo alcanzable por medio de las propias fuerzas (cf. *KpV* p. 32 s.). En cualquier caso, lo que importa retener aquí es la simple constatación de que el respeto, como sentimiento que posee por su mismo origen un carácter intrínsecamente moral, constituye el reverso afectivo-emocional de la determinación apriorística de la voluntad por la razón (pura) práctica. En tal sentido, Kant puede señalar que lo único que puede determinar a la voluntad, cuando se deja de lado todo motivo de origen empírico, es *objetivamente* la ley moral misma y *subjetivamente* el respeto por ella, que él mismo posee, como tal, un carácter puro (cf. *Grundlegung* p. 400 s.; véase también *KpV* p. 81).

La determinación de la voluntad que Kant tiene aquí en vista constituye, por tanto, una autoexperiencia de carácter unitario, en la que concurren de modo inescindible un elemento intelectual, que opera como causa formal de la determinación, y un efecto, que, al recaer sobre la voluntad como facultad de desear que recibe así una forma, va acompañado a la vez, y necesariamente, también por una cierta resonancia afectivo-emocional. También aquí apunta Kant, por tanto, a una estrecha asociación funcional entre la operación de las facultades racionales, en este caso, razón y voluntad, por un lado, y el sentimiento, en este caso, el respeto, por el otro. Por lo mismo, el respeto, en tanto constituye el lado sensible del efecto que produce la determinación de la voluntad por la razón (pura) práctica, se sitúa él mismo, en razón de su propio origen, en el nivel que corresponde a la función legislativa de la razón, tal como ésta tiene lugar por referencia a las máximas como principios subjetivos del obrar, y no en el nivel que concierne a la aplicación de los principios de la moralidad, a través de las correspondientes máximas, a las acciones particulares.

Un tercer rasgo diferencial del respeto que conviene tomar en cuenta concierne a su determinación cualitativa, como el tipo peculiar de sentimiento que es. Como se vio, en el caso del sentimiento moral, la monovalencia normativa en virtud de la cual se trata, en todos los casos, de una reacción afectivo-emocional positivamente normada, coexiste con una irreductible bivalencia cualitativa: el sentimiento moral, como capacidad receptiva movilizada por la operación de la "conciencia moral[G]", puede revestir en su activación la forma del agrado o bien del desagrado, según se esté en presencia de un caso de concordancia o conflicto de la acción particular con la ley del deber, respectivamente. También el respeto, en su carácter de sentimiento de carácter intrínsecamente moral, constituye una respuesta afectivo-emocional positivamente normada. Pero aquí la monovalencia normativa se combina con una peculiar monovalencia cualitativa, ya que, en el caso del respeto, la capacidad receptiva no queda sujeta, desde el punto de vista de la activación, a la alternativa excluyente entre el agrado y el desagrado. Por el contrario, Kant explica que, desde el punto de vista cualitativo, la reacción afectivo-emocional en la que consiste el respeto presenta un sabor agridulce, por así decir, que no puede describirse adecuadamente en términos ni de mero agrado (*Lust*) ni de mero desagrado (*Unlust*) (cf. *KpV* p. 77 s.). Este peculiar carácter de la reacción afectivo-emocional del respeto debe verse, a juicio de Kant, como un reflejo de superficie de una complejidad subyacente, situada en el plano estrictamente motivacional. En efecto, en su calidad de modo de toma de conciencia del sometimiento libre de la voluntad bajo la ley moral, el respeto va necesariamente acompañado, como se dijo ya, por el momento de la sujeción coactiva (*Zwang*) de todas las inclinaciones. Es, precisamente, este momento de sujeción coactiva el que adquiere expresión, desde el punto de vista afectivo-emocional, en el aspecto de incomodidad (*Unannehmlichkeit*) que corresponde a la (auto)humillación (*Demütigung*), como "desprecio intelectual" (*intelektuelle Verachtung*) por todo aquello que, en el plano motivacional, pudiera convertirse en obstáculo subjetivo de la causalidad libre (cf. *KpV* p. 75). Respeto y (auto)humillación representan, pues, las dos caras de una misma moneda, por la sencilla razón de que, en el caso del agente moral finito, el momento de autoidentificación con el mandato de la moralidad va necesariamente acompañado también por un momento de autodistanciamiento, que corresponde a la necesidad de neutralizar coactivamente la fuerza motivacional de la inclinación.[22] Es, precisamente, esta tensión motivacional de fondo entre autoidentificación y autodistanciamiento la que adquiere expresión, desde el punto de vista afectivo-emocional, en el carácter cualitativamente híbrido del respeto, como sentimiento resultante de la determinación apriorística de la voluntad por la razón (pura) práctica. Puede decirse, pues, que en y por el respeto el agente moral finito se sobrepone, por así decir, a sí mismo, elevándose, más allá de la determinación empírica de su querer, hasta un querer que queda determinado por la ley moral misma, con prescindencia de todo otro motivo de carácter empírico. Sin embargo, tal modo de sobreponerse a sí mismo no puede no ser tenso y, en ocasiones, puede incluso costar no poco esfuerzo, dada la imposibilidad de suprimir de raíz en el agente moral finito todo impulso que pudiera llevarlo eventualmente a obrar en contra de lo que prescribe la propia ley moral.

Como se vio ya, el "objeto" primario del respeto no es sino la ley moral misma, y no las acciones particulares, ya sean propias o ajenas. Ahora bien, en un sentido que puede considerarse secundario o derivado, también las personas son, a juicio de Kant, "objeto" de respeto. Se trata aquí de un sentido secundario o derivado, en la medida en que presupone el primero, pues la razón última de que las personas, como seres racionales individuales,

[22] No en vano puede caracterizar Kant el respeto, atendiendo al componente de humildad (*Demut*) que contiene necesariamente, en términos de "autoconocimiento" (*Selbsterkenntnis*), y ello, precisamente, en la medida en que el modo de sobreponerse a sí mismo que hace posible el reconocimiento de la pureza del principio moral pone "barreras de humildad" (*Schranken der Demut*) a la arrogancia (*Eigendunkel*) y el amor propio (*Eigenliebe*), tan inclinados como están a desconocer (*verkennen*) sus propios límites (*ihre Grenzen*) (cf. *KpV* p. 86).

merezcan todas ellas respeto, incluso con independencia de lo que puedan ser sus eventuales fallos y sus defectos, reside precisamente en su innata capacidad moral. Dicho de otro modo: las personas son "objeto" de respeto, justamente, en la medida en que, como poseedoras de capacidad moral, proporcionan el ejemplo de la ley moral misma (cf. *Grundlegung* p. 401 nota, 428; véase también *KpV* p. 76 s., donde se contrapone también, desde este punto de vista, a las personas y las cosas). Es cierto que, en este punto, Kant se expresa en ocasiones de un modo que podría dar a entender que las personas sólo se hacen acreedoras al respeto, si y en la medida en que proporcionaran un ejemplo de moralidad en su obrar concreto. Así visto, el respeto parecería constituir un tributo (*Tribut*) que no siempre estamos dispuestos a conceder, sino que más bien reservamos sólo para ciertas personas, en razón de sus méritos particulares (*Verdienste*). Kant va incluso más allá en esta línea de argumentación, al indicar que, de hecho, nos resulta subjetivamente tan poco agradable tener que conceder dicho tributo que, a menudo, nos esforzamos todo lo posible por encontrar razones o excusas que nos faciliten no tener que hacerlo, y ello a punto tal que ni los muertos se salvan del afán que solemos poner a la hora de intentar desprestigiar al prójimo (cf. *KpV* p. 77). Ahora bien, estas consideraciones de alcance sociológico-costumbrista, más allá de su alto grado de acierto empírico, en nada alteran el hecho claramente reconocido por el propio Kant de que, desde el punto de vista estrictamente moral, todas las personas son, en razón de su mismo carácter de personas, merecedoras de respeto, incluso allí donde tuviéramos que distanciarnos de algunas o muchas de sus actitudes o sus acciones. A esto apunta ya la segunda fórmula del "imperativo categórico", que manda tratar a las personas, en tanto dotadas de "valor absoluto" (*absoluter Wert*) o "dignidad" (*Würde*), siempre al mismo tiempo como fines, y nunca meramente como medios (cf. *Grundlegung* p. 428 s.). Lo que se manda aquí, naturalmente, no es el sentimiento de respeto mismo, ya que eso sería imposible, sino, más bien, un determinado modo de trato, fundado él mismo en el respeto a la ley moral, a saber: se ha tratar como manda la ley moral a todos aquellos que precisamente, en razón de su capacidad moral, deben ser considerados personas y, con ello, también poseedores de dignidad.

La imposibilidad de mandar el respeto mismo, vale decir, en su calidad de sentimiento moral que reconoce, además, un origen apriorístico, es puesta de relieve de modo particularmente nítido en la discusión de las "prenociones estéticas" de *Tugendlehre*. En efecto, Kant recalca aquí expresamente que no puede haber algo así como un deber de respeto, en el sentido propio del término, es decir, como una obligación que mandara el respeto mismo. Esto se explica por dos razones, una más general y una específica. Por una parte, el respeto es un sentimiento, es decir, es algo meramente subjetivo que se experimenta de modo pasivo, y no algo que podamos producir de modo activo y que, por lo mismo, pudiera exigirse también que llevemos efectivamente a cabo, como lo es, por caso, un juicio sobre un determinado objeto. Por otra parte, en este caso particular se añade también que un supuesto deber de sentir respeto presupondría ya la presencia de aquello mismo que pretende convertir en contenido de un mandato, ya que tal supuesto deber sólo podría ser subjetivamente reconocido *como deber* sobre la base del propio sentimiento de respeto (cf. *Tugendlehre* p. 402). En efecto, como se vio ya, tanto en *Grundlegung* como en *KpV*, el respeto es presentado, desde el punto de vista de la teoría de la motivación, como el reverso subjetivo inseparable de la determinación de la voluntad por la ley moral, como principio objetivo de determinación. Esto implica que nada puede ser reconocido como ley moral objetivamente válida, sin que sea considerado al mismo tiempo, desde el punto de vista subjetivo, como objeto de respeto. Y esto último debe entenderse en el sentido preciso de que reconocer un determinado mandato como un mandato moral implica necesariamente respetarlo, vale decir: acogerlo subjetivamente de un modo que verdaderamente haga justicia al peculiarísimo carácter de su contenido objetivo, convirtiéndolo en máxima del propio obrar (cf. *KpV* p. 76) y sometiendo a él, por tanto, el propio querer. Pero, si esto es así, salta a la vista de inmediato la imposibilidad de un deber que mandara, como tal, el respeto mismo, por la sencilla razón de que, para reconocerlo verdaderamente como un deber, habría que ser capaz ya de respetarlo. Un supuesto deber de respeto, en el sentido preciso indicado, sólo podría querer decir, por tanto, algo así como "tener el deber de tener un deber de algo (respeto)" o "estar obligado a estar obligado a algo (respeto)" (cf. *Tugendlehre* p. 402). Como se echa de ver, lo que este argumento pretende ratificar es, pues, lo ya indicado de antemano, a saber: que el respeto, en su calidad de sentimiento moral, debe ser contado entre las capacidades receptivas que permiten el reconocimiento subjetivo del deber como deber, y no, en cambio, como un deber particular más, entre otros deberes particulares, dotados como tales de un contenido diferente en cada caso. No hay, por lo mismo, un deber específico de respeto que deba formar parte de la lista de los deberes de virtud que Kant se propone discutir de modo diferenciado en la parte central de *Tugendlehre*.

Por último, en el breve tratamiento dedicado al respeto como "prenoción estética" Kant se refiere de modo específico, y con una amplitud comparativamente sorprendente, al problema que plantea el supuesto deber de respeto por uno mismo, en el sentido preciso del "aprecio por sí mismo" (*Selbstschätzung*) que todo ser humano debería tener. En este caso particular, la intención de Kant es, sobre todo, aclarar el sentido preciso que debe darse al modo de hablar habitual que refiere algo así como un "deber de respetarse (o apreciarse) a sí mismo". Se trata, a juicio de Kant, de una expresión abreviada y potencialmente confusa. Lo que debe decirse aquí es algo bastante diferente, que, como tal, no es sino un corolario de lo ya establecido en *Grundlegung* y *KpV* acerca del modo en el cual la ley moral aplica al modo de trato que el agente moral individual debe cultivar también para consigo mismo. En efecto, la presencia de la ley moral en el propio agente individual le arranca (*abzwingen*) a éste inevitablemente (*unvermeidlich*) un sentimiento de respeto por su propio ser (*Achtung für sein eigenes Wesen*), y este sentimiento de respeto, que no es él mismo un deber sino un efecto de la propia ley moral, constituye, a su vez, el fundamento (*Grund*) de determinados deberes frente a sí mismo, esto es, de determinadas acciones que están en concordancia con lo que en cada caso indica el correspondiente deber frente a sí mismo. No hay, pues, propiamente hablando, algo así como un deber de respeto por uno mismo, sino que es el respeto por la ley moral presente en el propio agente el que debe verse, desde el punto de vista subjetivo, como el fundamento de todo deber, en general, vale decir: también de aquellos deberes que el agente individual tiene frente a sí mismo (cf. *Tugendlehre* p. 402 s.). La posición que Kant presenta aquí resulta, pues, completamente consistente con la defendida ya en *Grundlegung* y *KpV*, pues ratifica que el "objeto" primario de respeto es siempre únicamente la ley moral misma, y que sólo de modo derivado, es decir, por medio de la referencia a la ley moral, pueden considerarse como "objetos" de respeto también los seres humanos en su calidad de personas, lo cual vale de igual modo tanto para el propio agente individual como para sus semejantes: el agente individual debe tratar consigo mismo y también con todos los que son como él de un modo que resulte acorde con las exigencias que plantea la ley moral.

Como se anticipó ya, a menudo se ha querido ver en la extensión que Kant dedica al caso del respeto (aprecio) por uno mismo en este pasaje una razón para afirmar que la noción de respeto está tomada aquí en un sentido específico, de carácter exclusivamente autorreferencial. Esto permitiría explicar su tratamiento por separado, una vez que se ha asumido la identificación del respeto, en su sentido más general, con lo que Kant discute en *Tugendlehre* bajo la denominación de sentimiento moral. Sin embargo, toda esta construcción interpretativa resulta innecesaria y forzada, desde el punto de vista tanto textual como sistemático. En efecto, su única razón de ser reside en la errónea identificación inicial de respeto y sentimiento moral. Sin embargo, resulta ya suficientemente claro que ni ambos sentimientos son idénticos, ni tampoco el respeto, tal como es tratado en el marco de la discusión de las "prenociones estéticas", queda restringido, sin más, al respeto por uno mismo. En el caso concreto del respeto, Kant ofrece en primer lugar, como se vio, un argumento de carácter general contra la posibilidad de tratar el respeto mismo como algo que fuera mandado al modo de un deber. En lo esencial, este argumento está perfectamente en línea con la teoría de la motivación presentada en *Grundlegung* y *KpV*. A continuación, y de modo visiblemente separado en el texto, Kant intenta aclarar, sobre esa misma base, lo que concierne específicamente al caso del supuesto deber de respeto (aprecio) por uno mismo, y muestra que tampoco en este caso se puede hablar propiamente de un deber de respeto, sino que, más bien, se está en presencia de un cierto deber de trato consigo mismo, que deriva, como tal, de la ley moral, en su calidad de objeto de respeto. Por lo mismo, dicho deber de trato para consigo mismo tiene exactamente la misma fuente que los deberes de trato que el propio agente individual tiene también para con todos los otros que son como él. Según Kant, las bases normativas de un trato que haga justicia al respeto por las personas son, pues, estrictamente igualitarias. La diferencia de contenido entre los deberes de virtud frente a uno mismo, reunidos bajo la máxima general de la búsqueda de la perfección moral propia, y los deberes de virtud frente a los demás, reunidos bajo la máxima general de la promoción de la felicidad ajena, se explica, pues, por referencia a la irreductible asimetría estructural que media entre el modo en el que el agente individual se relaciona y trata consigo mismo, en primera persona, por un lado, y el modo en el que se relaciona y trata con los demás, por el otro.

Que Kant dedique aquí más extensión al caso del supuesto deber de respeto por uno mismo, y no haga referencia expresa al caso del respeto por los demás, resulta suficientemente comprensible, si se tiene en cuenta las características propias del contexto de discusión. En efecto, el punto parece conectarse con las dificultades que, como el propio Kant expresamente reconoce, presenta, al menos *prima facie*, la noción misma de deber frente a sí mismo. Como se sabe, aun consciente de tales aparentes dificultades, Kant defiende la noción y legitima su empleo (cf. *Tugendlehre*, "Einleitung" §§ 1-3). Paradójicamente, el modo de hablar según el cual habría algo así como un deber de respeto por uno mismo parecería proveer un punto de partida plausible, a primera vista, para un intento de defensa de la noción de deber frente a uno mismo. Sin embargo, Kant desactiva de inmediato esta falsa presunción, al mostrar que no hay tal deber de respeto por uno mismo, sino que lo que hay que reconocer, más bien, son deberes frente a uno mismo derivados, como tales, de la ley moral universal, considerada como objeto de respeto. Así entendido el pasaje, el rechazo kantiano del modo habitual de hablar de un deber de respeto por uno mismo, lejos de resultar problemático para su propia posición, viene exigido por el modo mismo en el que Kant lleva a cabo posteriormente la justificación de la validez de la noción general de deber frente a uno mismo. Nada de esto implica, naturalmente, que Kant haya pasado aquí por alto el hecho de que también las otras personas son, al igual que el propio agente, objetos de respeto, en sentido derivado, es decir, en cuanto dotados de capacidad moral, ni mucho menos que haya olvidado la existencia, por lo demás obvia, de deberes frente a los demás. Como es evidente, el argumento inicial referido a la imposibilidad de algo así como un deber de respeto, en general, cubre, sin necesidad de ulterior aclaración, todos los casos mencionados, puesto que no restringe, en ningún momento, la noción de respeto a su sentido estrecho de carácter autorreferencial.

Una vez que se ha establecido de modo suficientemente claro la diferencia entre sentimiento moral y respeto, conviene indicar brevemente, para terminar, el modo preciso en que debe caracterizarse la relación entre ambos. El punto de referencia básico viene dado aquí por la asociación funcional de cada uno de ambos sentimientos con las correspondientes facultades intelectuales y sus respectivas operaciones, que es donde reside propiamente el núcleo mismo de la concepción kantiana acerca de la estrecha y compleja relación entre la motivación moral y la capacidad de respuesta afectivo-emocional.

En tal sentido, se dijo ya que el sentimiento moral queda asociado a la operación de la "conciencia moral[G]", que, según Kant, debe verse como una modalidad peculiar de la función reflexiva de la facultad del juicio, mientras que el respeto queda asociado, por su parte, a la operación de la razón (pura) práctica, que consiste en la determinación apriorística de la voluntad por medio de la forma de la legalidad. En razón de su mismo origen, el sentimiento moral queda situado, por tanto, en el nivel que corresponde a la aplicación de la ley a las acciones particulares, por medio de las correspondientes máximas, allí donde dicha aplicación adquiere la inflexión predominantemente subjetiva que caracteriza a todo genuino procedimiento de autoexamen y autoenjuiciamiento. Por su parte, el respeto se sitúa, en razón de su origen, en el nivel que corresponde a la función legislativa de la razón (pura) práctica, allí donde ésta manda someter las máximas, como principios subjetivos del querer, a las exigencias de validez objetiva que plantea la forma pura de la legalidad. Pues bien, dado que la "conciencia moral[G]" presupone en su misma operación la ley moral como ya dada, se sigue obviamente que el sentimiento moral se encuentra en una relación análoga de dependencia frente al respeto. En efecto, sólo en la medida en que la ley moral misma es objeto de respeto, es posible experimentar agrado o desagrado, allí donde la reflexión sobre las propias acciones, consideradas a la luz de las correspondientes máximas, constata su concordancia o discordancia con lo que la ley moral exige como deber. Dicho de otro modo: el sentimiento bivalente de agrado o desagrado frente a las propias acciones no sólo convive en una y la misma conciencia, la del agente individual del caso, con el sentimiento monovalente, aunque cualitativamente híbrido, de respeto a la ley moral, sino que, además, lo presupone, en razón de su mismo origen. El sentimiento moral de agrado o desagrado frente a las propias acciones, tal como surge en conexión con la operación de la "conciencia moral^G", puede verse, pues, como una suerte de eco, propagado por vía reflexiva, del respeto por la ley moral misma. La propagación reflexiva de tal eco explica que, en la misma medida en que remite a una lejanía sólo vislumbrada, pueda aparecer él mismo desgajado en una bivalencia irreconciliable, que alterna entre el agrado y el desagrado. Así, ya no logra conservar intacta la coloración híbrida de la fuente de propagación a la que él mismo remite. Pero, justamente por eso, revela incluso más nítidamente, con ocasión del obrar concreto, la doble fuente motivacional que se esconde por debajo de aquello en lo que reside su origen más remoto, a saber: una ley que mueve al respeto, pero sólo en la misma medida en que se presenta bajo la forma de un mandato.

Si todo esto es así, puede decirse que, con su distinción entre sentimiento moral y respeto, Kant elabora, al menos, los rudimentos de una fenomenología de las resonancias afectivas vinculadas con la motivación moral, que permite hacer justicia a la irreductible complejidad que presenta esta última en el caso de un ser racional finito, sujeto en su querer al influjo de la inclinación sensible, pero capaz, al mismo tiempo, de determinar él mismo su voluntad con arreglo a motivos racionales que sobrepasan, sin concesión alguna, toda solicitación meramente mundana. Sobre esta base, resulta posible explicar por qué el agente moral individual, que somete a crítica rigurosa sus propias acciones en el foro interior de su propia "conciencia moral^G", por mucho que pueda sentir disgusto por algunas o muchas de sus acciones particulares, está, a la vez, llamado a no perder jamás el respeto por su propia persona, cuya dignidad reside, precisamente, en su capacidad moral, de la cual el autoexamen y el autoenjuiciamiento son ya ellos mismos frutos preciosos, con total independencia incluso de lo negativo que pudiera ser ocasionalmente el veredicto al que dan lugar. También puede explicarse sobre esta misma base por qué razón, como Kant lo hace notar de diversas maneras, el agrado por la concordancia de algunas o muchas de las propias acciones con la ley del deber no debe traducirse jamás en una arrogante autocomplacencia, que borrara con el codo lo escrito antes con la mano, a la hora de cumplir con la obligación de ser todo lo riguroso posible en el ejercicio de autoexamen y autoenjuiciamiento ante el tribunal de la propia "conciencia moral[G]". Esta última, como Kant lo recalca en más de una oportunidad, nunca elogia, sino que, cuando aprueba y no condena, sólo aprueba fríamente, de suerte que no incorpora jamás en su propio dictamen ninguna referencia expresa al sentimiento de agrado que produce su propia operación reflexiva, allí donde constata la concordancia de las propias acciones con las exigencias del deber. Nada de esto impide, sin embargo, que una vida de genuino ejercicio de la virtud, que es siempre por eso mismo una vida de incansable persistencia en el autoexamen y el autoenjuiciamiento, no deba ser vista jamás, a juicio de Kant, como una vida que paga por su afán de lucidez y autotransparencia el precio de una pesadumbre insoportable. Más bien, la verdadera lucidez que distingue a quien realmente se sabe débil y falible es, piensa Kant, aquella que necesariamente combina, en síntesis armónica, el momento estoico de la vigilia atenta respecto de sí mismo con el momento epicúreo de la serena alegría de espíritu, y ello, justamente, porque quien tiene austera conciencia de sus propias miserias es también quien cuenta con el mejor antídoto del que se pueda disponer para mantener a raya esa tristeza espectral y difusa, carente de referencia precisa, que es hija bastarda de la soberbia y la arrogancia (cf. *Tugendlehre*, Zweiter Abschnitt, "Die ethische Asketik", § 53, p. 848 s.).

4.2.4. Infalibilidad y deber de cultivo de la "conciencia moral^G"

A diferencia de lo que ocurría en el caso de *VM*, en *Tugendlehre* Kant rechaza enérgicamente la posibilidad de hablar de una "conciencia errónea", pues toma la noción ahora como una noción de éxito. En tal sentido, Kant declara que una "conciencia moral^G" que fuera ella misma errónea (*ein irrendes Gewissen*) es sencillamente un sinsentido (*ein Unding*), y señala que esta constatación constituye una consecuencia de lo ya dicho acerca de la imposibilidad de asumir la existencia de un supuesto deber de tener una "conciencia moral^G" (cf. *Tugendlehre* p. 401). Como se echa de ver, la posición fijada de este modo guarda estrecha conexión con la estrategia general de naturalización a la que Kant apela, a la hora de resolver la aporía de la facultad del juicio, de la cual la "conciencia moral^G" constituye una forma o función particular. Según se vio ya, una hipotética completa ausencia de "conciencia moral^G" en un individuo humano constituiría una falencia irreparable, puesto que no podría ser jamás mitigada desde el exterior por medio alguno, e implicaría, en definitiva, que ya no se está en presencia de un "ser moral", en el sentido más propio del término. Por el contrario, la "conciencia moral^G" aparece, más bien, como el genuino órgano de toda posible autotransparencia en el plano práctico-moral, de modo tal que, si no se la supone, queda bloqueado desde el inicio todo intento por dar cuenta de la posibilidad de superar el autoengaño por parte del agente individual. Como es obvio, igualmente necesario resulta poder salvaguardar la posibilidad del error y el autoengaño mismos, tal como ellos tienen lugar en sede propiamente práctico-moral. Pero, como se verá enseguida, el rechazo kantiano de la posibilidad de una "conciencia moral^G" que fuera ella misma errónea no lo impide, en modo alguno. En efecto, para poder hacer lugar a la posibilidad del error y el autoengaño, bastará aquí con que la descripción de la estructura de los correspondientes fenómenos defectivos no se base en atribuir a la propia "conciencia moral^G" el error y el autoengaño, como tales. Hasta cierto punto, puede decirse incluso que el problema de si la "conciencia moral^G" ha de considerarse ella misma como falible o, más bien, como infalible no pasa de ser un problema de alcance primaria, si no exclusivamente, terminológico, siempre que se pueda garantizar el cumplimiento de, al menos, dos requisitos indispensables, a la hora de dar cuenta razonablemente del fenómeno que se pretende explicar, a saber: por un lado, la posibilidad del error y el autoengaño mismos y, por otro, la posibilidad del autoesclarecimiento y la autotransparencia. En efecto, ambos aspectos constituyen, en último término, el anverso y el reverso de una misma forma unitaria de autoexperiencia por parte del agente individual, situada en el plano estrictamente práctico-moral.

Pues bien, la explicación de la imposibilidad de una "conciencia moral[G]" errónea que Kant ofrece en *Tugendlehre* conecta, de modo inmediato, con su propia caracterización de la función reflexiva de la facultad del juicio, allí donde ésta incorpora un componente autorreferencial en virtud del cual la reflexión se despliega fundamentalmente en dirección subjetiva. Veamos esto ahora con algo más de detalle, partiendo por la explicación concreta que provee el texto kantiano, para luego hacer referencia al cuadro general a partir del cual resulta más fácilmente comprensible. Kant explica que en el juicio objetivo (*in dem objektiven Urteile*) acerca de si algo es o no obligatorio, vale decir, acerca de si constituye o no un deber, resulta posible equivocarse (*irren*) ocasionalmente (*bisweilen*). En cambio, no es posible que el agente individual se equivoque en el juicio subjetivo (*im subjektiven*) acerca de si ha comparado (*verglichen*) esto mismo con su propia razón práctica, que es la que realiza aquí la correspondiente tarea de enjuiciamiento (*mit meiner praktischen [hier richtenden] Vernunft*), con el fin de llevar a cabo dicho juicio objetivo. En este punto el agente individual no puede equivocarse, por la sencilla razón de que, en tal caso, no habría llevado a cabo ningún juicio práctico, con lo cual tampoco habría hecho nada todavía que pudiera dar lugar a error alguno ni verdad alguna (cf. *Tugendlehre* p. 401).

Como se puede advertir, la explicación de Kant plantea no pocas dificultades de comprensión, entre otras cosas, también en razón de su concisión. Para un mejor entendimiento de lo que establece el texto, conviene, por tanto, desplegar analíticamente los elementos que la explicación contiene, por así decir, *in nuce*. A tal fin, hay que distinguir aquí cuatro afirmaciones principales, a saber: 1) el juicio moral objetivo puede muy bien ser erróneo, incluso cuando se obra en conciencia, es decir, cuando se obra ateniéndose al tipo peculiar de enjuiciamiento que exige la "conciencia moral[G]"; 2) la presencia de un juicio moral objetivo implica, por sí sola, que la "conciencia moral[G]" ya ha llevado a cabo su propia operación, pues, de lo contrario, ni siquiera hubiera habido juicio moral, en el sentido propio del término, y ello con independencia de si este último resulta objetivamente verdadero o bien objetivamente falso; 3) la función de la "conciencia moral[G]", que acompaña necesariamente a la formación del correspondiente juicio objetivo, se dirige, sin embargo, fundamentalmente al propio sujeto y consiste, como tal, en una "comparación" con su propia razón práctica, que es la que lleva a cabo la tarea de enjuiciamiento en dirección objetiva; de todo lo cual se sigue 4) que la "infalibilidad" de la "conciencia moral[G]" concierne no al contenido material del correspondiente juicio objetivo, sino exclusivamente al hecho de si ha tenido o no lugar la mencionada comparación, que es la que hace subjetivamente posible dicho juicio objetivo, dicho de otro modo: si tal comparación se ha llevado a cabo, entonces subjetivamente no se puede no estar cierto de ella.[23]

[23] En el breve escrito de 1791 sobre el fracaso de los intentos filosóficos en el ámbito de la teodicea Kant da una explicación más amplia, que apunta con toda claridad en este mismo sentido: "Los moralistas hablan de una "conciencia moral[G]" errónea (*ein irrendes Gewissen*). Pero una "conciencia moral[G]" errónea es un sinsentido (*ein Unding*); y si la hubiera, nunca se podría estar seguro (*sicher sein*) de haber obrado de modo correcto (*gehandelt zu haben*), puesto que incluso el juez (*selbst der Richter*) podría todavía estar equivocado en última instancia (*in der letzten Instanz*). Por cierto, yo puedo errar en el juicio en el que creo tener razón (*Recht haben*), pues esto corresponde al entendimiento (*Verstand*), que es el único que juzga de modo objetivo (verdadera o falsamente). Pero en la conciencia de si realmente creo tener razón (o meramente lo finjo), simplemente (*schlechterdings*) no puedo errar, pues este juicio (*Urteil*) o, mejor dicho, esta proposición (*Satz*) dice meramente (*bloß*) que juzgo (*beurtheile*) el objeto de ese modo (*so*)" (cf. *MpVT* p. 268). Véase también *MdS Vigilantius* p. 615 s., donde Kant explica que la tesis relativa a la infalibilidad de la "conciencia moral[G]" se vincula, de modo directo, con el abandono de la concepción de Baumgarten, que identifica erróneamente la operación específica "conciencia moral[G]" con la "subsunción de nuestras acciones bajo la ley" (*subsumptio factorum nostrorum sub lege*), que, en rigor, es tarea de la facultad del juicio. La razón de tal errónea identificación reside, obviamente, en el hecho de que Baumgarten y el propio Kant en los tiempos de *VM* no tomaron nota debidamente de la peculiar estructura de doble reflexividad que caracteriza el modo de operación propio de la "conciencia moral[G]". Es, pues, la nueva consideración de las funciones reflexivas de la facultad del juicio la que proporcionó el marco para una adecuada redescripción del papel que corresponde a la "conciencia moral[G]". Véase, en este sentido, la luminosa explicación en Wieland (2001) p. 166 s. Para una buena discusión de ambos textos citados y otros relevantes, en el marco de una interpretación en la línea de la aquí sugerida, véase ahora Knappik – Mayr (2019).

Un requerimiento clave para entender adecuadamente el pasaje consiste en advertir que la noción de "comparación" (*vergleichen, Vergleichung*) empleada en el texto debe tomarse como una noción de carácter técnico, que forma parte del vocabulario habitual que emplea Kant en diversos contextos, cuando se trata de dar cuenta de las operaciones reflexivas que subyacen al proceso de la formación originaria de diversos tipos de juicio. Sin entrar en otras precisiones de detalle, baste decir aquí que el alcance de la noción de comparación empleada en el texto puede comprenderse mejor, a la luz de la tesis kantiana de la necesidad de una doble reflexión, lógica y trascendental, como base de la formación originaria de todo juicio objetivo, tal como Kant la elabora en el apartado de *KrV* dedicado al tratamiento de la llamada "Anfibología de los conceptos de reflexión" (cf. A 260-292 / B 316-349). En efecto, Kant sostiene allí que a todo genuino juicio objetivo subyace, desde el punto de vista del proceso de su formación originaria, una doble forma de comparación, a saber: por un lado, una comparación de los conceptos que ocupan el lugar de sujeto y predicado en el juicio, que es lo que Kant denomina una "reflexión lógica" (*logische Überlegung / logische Reflexion*); por otro lado, una comparación con las correspondientes facultades –sensibilidad y entendimiento, en el caso de los juicios objetivos de carácter cognoscitivo–, que es lo que denomina una "reflexión trascendental" (*transzendentale Überlegung / transzendentale Reflexion*). Ambas formas de comparación entran a formar parte de una secuencia de pasos en un procedimiento unitario. Más precisamente: la reflexión trascendental se añade a la reflexión lógica a modo de paso complementario y tiene la función específica de dar lugar a una incorporación de la sensibilidad en el procedimiento reflexivo de comparación.[24]

Ahora bien, en el caso del juicio objetivo de carácter práctico ocurre algo análogo, aunque en modo alguno idéntico, a lo que se tiene en el caso del juicio objetivo de carácter cognoscitivo. En efecto, también aquí se tiene un procedimiento en dos pasos, uno de los cuales corresponde a la

[24] Para una discusión más detallada de la tesis de la doble reflexividad elaborada por Kant en el contexto de la "Anfibología de los conceptos de reflexión", me permito remitir a lo dicho en Vigo (2006).

reflexión lógica y el otro a la reflexión trascendental, pero lo que se compara en cada uno de ellos es algo diferente de lo que se compara en los pasos correspondientes del proceso de formación originaria de un juicio objetivo de carácter cognoscitivo. En particular, el paso correspondiente a la comparación con las facultades intervinientes no toma ni podría tomar aquí la forma de un incorporación de la sensibilidad, sino que corresponde, más bien, a la incorporación de la razón práctica misma en el procedimiento reflexivo de comparación. Así pues, se tiene aquí, por un lado, la comparación de una determinada acción particular, descripta de la manera relevante para el caso, con una máxima del querer bajo la cual tal acción queda o puede quedar subsumida, de modo tal que esta última aparece como deseable, en un sentido todavía no moral del término, en la misma medida en que aparece o puede aparecer como un caso de la máxima que se ha adoptado; por otro lado, como segundo paso, se debe proceder a subsumir la máxima en cuestión bajo el principio de la moralidad provisto por la razón práctica, subsunción que, en caso de poder ser llevada a cabo con éxito, permite considerar la acción correspondiente, además de deseable por los motivos que fuera, también como moralmente lícita o, llegado el caso, incluso como obligatoria. El primer tipo de comparación constituye un caso de reflexión meramente lógica, ya que se limita a comparar unidades conceptuales diversas, vale decir aquí: la acción particular descripta de cierta manera, por un lado, y la correspondiente máxima del querer, por el otro. El segundo tipo de comparación constituye, en cambio, un caso de reflexión trascendental, en la medida en que incorpora en la comparación la referencia a un principio formal de origen apriorístico proporcionado por la razón. Así, de modo análogo a lo que exige la tesis de la necesidad de la doble reflexividad en el caso de los juicios objetivos de carácter cognoscitivo, también en el caso del juicio objetivo de carácter práctico vale el principio general de que sólo cuando ambas formas de comparación se han llevado a cabo sucesivamente, como pasos complementarios dentro de un proceso unitario de enjuiciamiento reflexivo, lo que se tiene como resultado puede merecer el calificativo de ser un juicio objetivo originariamente formado, vale decir aquí: un juicio objetivo de carácter estrictamente moral.

A partir de lo dicho, se puede precisar ahora un poco mejor el alcance, ciertamente modesto, de la tesis kantiana relativa a la infalibilidad de la "conciencia moral[G]". Como se vio, Kant admite que el agente moral individual muy bien puede errar materialmente en la formación de un juicio moral objetivo referido a su propia actuación, allí donde falla al subsumir una acción particular bajo una determinada máxima, ya sea porque adopta una descripción inadecuada de la acción misma, o bien porque escoge una máxima inapropiada como punto de referencia de la subsunción, o bien porque yerra en el enjuiciamiento moral de la máxima misma. A este tipo de fallo puede contribuir toda una serie factores que afectan tanto al lado objetivo de la cuestión (por ejemplo, dificultades relativas a la conceptualización de la acción particular y el contexto en el que ha de llevarse a cabo), como también a las condiciones subjetivas bajo las cuales tiene lugar el acto de enjuiciamiento del caso (por ejemplo, ignorancia de circunstancias particulares relevantes). Frente a todo esto, Kant sostiene, sin embargo, que hay un aspecto modesto, aunque de fundamental importancia para la constitución del valor moral de la acción, respecto del cual el agente moral individual no podría estar equivocado realmente en ningún contexto de actuación. Ello es así, por la sencilla razón de que dicho aspecto no concierne ya, como tal, al contenido material del enjuiciamiento que el agente moral individual lleva a cabo, sino tan sólo al hecho de si este último ha tenido o no lugar en el modo requerido, vale decir, con arreglo a los dos pasos sucesivos de comparación reflexiva antes mencionados. En este preciso respecto, el agente moral individual no puede equivocarse, sencillamente, porque no se trata aquí de lograr ninguna certeza infalible respecto de determinados contenidos representativos, del tipo que fueran, sino que se trata, más bien, de una certeza de carácter esencialmente ejecutivo, que se da ella misma de modo concomitante con la realización de las correspondientes operaciones reflexivas.

Este modo de caracterizar la infalibilidad de la "conciencia moral[G]" no apunta, pues, en modo alguno, a postular una supuesta infalibilidad moral de los agentes individuales, una pretensión que, a los ojos de Kant, resultaría, desde luego, completamente absurda. Lejos de ello, la restricción de la infalibilidad de la "conciencia moral[G]" al plano meramente ejecutivo, tal como Kant la tiene aquí en vista, no sólo es perfectamente compatible con los diferentes posibles tipos del error propiamente moral, sino permite, además, hacer debida justicia a aquellos casos específicos en los cuales el agente obra en conformidad con lo que le exige la "conciencia moral^G" y, por tanto, de modo *subjetivamente* cierto, pero yerra al mismo tiempo, desde el punto del contenido sometido a enjuiciamiento, de modo tal que produce de modo originario un juicio moral objetivo que resulta, sin embargo, *materialmente* erróneo. Si esto es así, hay que afirmar entonces que el énfasis en la infalibilidad de la "conciencia moral^G" no se conecta en modo alguno, en el caso de Kant, con el intento de sancionar una supuesta incorregibilidad *objetiva* de los juicios morales subjetivamente ciertos, tal como tampoco tiene ese propósito el énfasis, no menos marcado, que Kant deposita sobre la radical indelegabilidad del enjuiciamiento que lleva a cabo, en cada caso, la "conciencia moral^G" del agente individual. Por el contrario, al enfatizar estos aspectos, que dan cuenta del componente irreductiblemente subjetivo que entra en la operación de la "conciencia moral^G", Kant se pliega de hecho, y con total lucidez sobre el alcance de su propia posición, a toda una tradición de larga historia y amplia vigencia, tanto en el ámbito de la filosofía moral como en el de la teología moral. Prolongando la pervivencia de un motivo central que reconoce, en último término, un origen socrático, dicha tradición defiende, de modo irrestricto, el carácter subjetivamente vinculante del juicio de la "conciencia moral^G", incluso allí donde el correspondiente juicio objetivo pudiera ser materialmente erróneo. Tal es la posición que habían asumido ya, mucho antes del advenimiento de la Modernidad y el ideal ilustrado, autores tan poco sospechosos de "subjetivismo moral", sea lo que fuere que tal cosa pueda significar, como el propio Tomás de Aquino, y ello, por la sencilla razón, a la que también Kant remite de modo expreso, de que no puede ser nunca moralmente lícito obrar en contra de lo que indica la propia "conciencia moral^G".[25]

[25] Para una discusión de la posición de Tomás de Aquino, en conexión con el análisis socrático de la estructura de la conciencia errónea, me permito remitir a Vigo (2013).

Ahora bien, si hay que admitir que, en el sentido indicado, la "conciencia moral[G]" debe verse como infalible, ¿cómo debe entenderse entonces el modo habitual de hablar que remite a la posibilidad del fenómeno defectivo que suele denominarse como "falta de conciencia" (*Gewissenlosigkeit*), en el sentido preciso de la falta de la "conciencia moral[G]"? Naturalmente, no se trata aquí del caso que correspondería a una completa ausencia de la "conciencia moral[G]", sino que se alude de este modo al simple hecho de que los agentes individuales exhiben en su acción, no infrecuentemente, la propensión (*Hang*) a no plegarse al juicio de su propia "conciencia moral[G]" (cf. *Tugendlehre* p. 401). Se trata, pues, de un segundo tipo de error moral, diferente de aquel que consiste en obrar de acuerdo con la propia "conciencia moral[G]", pero sobre la base de un juicio materialmente erróneo, desde el punto de vista objetivo. En el caso que ahora interesa, se trata, en cambio, de aquellas situaciones en las cuales el agente individual contraviene o simplemente desoye lo que le indica su propia "conciencia moral[G]", la cual se anuncia, sin embargo, de modo inevitable. Esta inevitabilidad no es sino el reverso de la infalibilidad ejecutiva de la propia "conciencia moral[G]", tal como fue caracterizada anteriormente. En tal sentido, Kant explica que si alguien obra en conformidad con su propia "conciencia moral[G]", entonces ya no se le puede exigir más en lo que concierne a culpabilidad o falta de culpabilidad (cf. p. 401), pues, aun si estuviera objetivamente equivocado, jamás se le podría pedir que obre en contra de su propia "conciencia moral[G]". Así, la obligación de aclarar su entendimiento (*Verstand*) sobre aquello que constituye o no su deber recae siempre, inevitablemente, sobre el propio agente individual (cf. p. 401), con independencia del hecho de que éste pueda estar objetivamente equivocado. En esta misma línea, Kant explica que, antes de actuar, el agente podrá muy bien dudar acerca de si está en lo cierto o no respecto de lo que es su deber hacer, pero cuando pasa a la acción y, sobre todo, una vez que ya la ha llevado a cabo, la "conciencia moral[G]" se le anuncia de un modo inevitable, que, como tal, no queda sujeto ya a su propio arbitrio (cf. p. 401).

Como se vio, ya en el tratamiento de *VM* Kant llamaba la atención sobre la creciente fuerza de la voz de la conciencia, una vez que la acción está consumada y el apetito satisfecho. Esto da pie a pensar que también aquí, en el contexto de *Tugendlehre,* Kant tiene en vista la posibilidad de que, en ocasiones, las “dudas de conciencia” e incluso “los errores objetivos de juicio” en materia moral tengan, en definitiva, un origen no cognoscitivo, que remite a la influencia distorsiva de los apetitos sobre los correspondientes procesos reflexivos. Si ello es así, hay que asumir entonces que la fuerza motivacional de la inclinación explicaría no sólo las acciones realizadas por el agente en contra de su propia “conciencia moral[G]”, sino también, al menos en algunos casos, determinadas acciones basadas en juicios morales objetivamente erróneos, pero realizadas en conformidad con ella. Este tipo de casos debe ser convenientemente distinguido de los casos mencionados anteriormente, en los cuales el error del juicio moral objetivo tiene causas exclusiva o predominantemente cognoscitivas.

Por último, con la interpretación aquí ofrecida se corresponde bastante bien el hecho de que Kant reconozca expresamente en *Tugendlehre* la existencia de un “deber indirecto” (*indirekte Pflicht*) de cultivar la propia “conciencia moral[G]”, que, contra lo que podría suponerse a primera vista, no consiste en lo que habitualmente se denomina “formar” la “conciencia moral[G]” misma –algo que, a juicio de Kant, resulta tan innecesario como imposible–, sino, más bien, exclusivamente en aprender a agudizar la atención que se presta a la voz del “juez interior” y en emplear para ello todos los medios que permiten prestarle oídos (cf. p. 401). Se trata, pues, de un deber indirecto de esforzarse por garantizar la presencia de las condiciones subjetivas adecuadas para que la “conciencia moral[G]” pueda desplegar su propia eficacia como instancia de enjuiciamiento, una eficacia de la cual ella misma jamás carece.

4.3. El tribunal de la conciencia

El tratamiento de la “conciencia moral[G]” llevado a cabo en el marco de la discusión de las “prenociones estéticas” se completa en *Tugendlehre* con un conjunto de consideraciones más específicas relativas tanto al modo en el cual tiene lugar su operación como también a su conexión con la doctrina de los deberes de virtud. En este caso, se trata más concretamente de los deberes que el agente individual tiene frente a sí mismo, que son los que Kant discute en primer lugar, dentro del marco más amplio de su concepción de los deberes de virtud, en general.

Dentro de los deberes frente a sí mismo, Kant considera primero aquellos que conciernen al propio agente en su calidad de "ser vivo" o "animal" (*animalisches Wesen*) (cf. *Tugendlehre*, "Erstes Buch", "Erstes Hauptstück", §§ 5-8). Se trata aquí de deberes referidos a la conservación y el debido cuidado de la propia vida (cf. § 6: prohibición del suicidio) y el propio cuerpo (cf. § 7: prohibición de la degradación de sí mismo en el uso del placer, la sexualidad, etc.; § 8: prohibición de los excesos en la comida y la bebida, etc.). A continuación, Kant trata los deberes que el agente individual tiene frente a sí mismo en otros tres respectos diferentes, que conciernen de modo directo a su carácter de persona, a saber: primero, 1) en su calidad de ser moral (*moralisches Wesen*) (cf. §§ 9-12), rúbrica bajo la cual se discute la prohibición de la mentira (§ 9), de la avaricia (*Geiz*) (§ 10) y de la falsa humildad (*Kriecherei*), vale decir, de la autohumillación degradante que no hace justicia a la propia dignidad (§ 11-12); luego, 2) en su calidad de juez nativo de sí mismo (§§ 13-18); y, por último, 3) con referencia a aquellos deberes imperfectos que quedan incluidos bajo el deber general de autoperfeccionamiento con referencia al fin último del ser humano, tanto en el sentido natural como en el sentido propiamente moral (§§ 19-22). En lo que respecta a la "conciencia moral[G]", lo que interesa aquí de modo directo está contenido en el punto 2), referido a los deberes que uno tiene frente a sí mismo, como "juez nativo de sí mismo" (*angeborener Richter über sich selsbt*). Como ya el título indica, se trata, precisamente, de deberes vinculados con el hecho de poseer una "conciencia moral[G]". Más concretamente, interesa aquí, sobre todo, lo que Kant expone en los §§ 13-15. Por su parte, los §§ 16-18 constituyen una "sección episódica" (*episodischer Abschnitt*), en la que se discute lo concerniente a la así llamada "Anfibología de los conceptos morales de reflexión", que representa la contraparte, en el ámbito práctico-moral, de lo que en el marco de *KrV* se discute, desde el punto de vista del uso puramente teórico-especulativo de la razón, bajo la rúbrica de la "Anfibología de los conceptos de reflexión". A esta última me he referido antes, al discutir la noción de reflexión en conexión con las funciones de la "conciencia moral[G]". Tampoco carece de interés, en modo alguno, lo que Kant tiene para decir en el caso del peculiar tipo de anfibología a que da lugar la reflexión, cuando se trata del empleo de los conceptos morales. Pero el punto puede ser dejado de lado aquí, porque no afecta de modo directo a la caracterización de la "conciencia moral[G]".

En lo que sigue consideraré, pues, en primer lugar, el modo en el que Kant ilustra la operación de la "conciencia moral[G]" en el § 13, por medio del recurso a la figura del foro o tribunal interior. Como se verá enseguida, Kant retoma y profundiza aquí lo que ya había desarrollado, echando mano del mismo modelo de carácter judicial, en la lección sobre filosofía moral de 1774-1775. Pero el recurso a la imagen del tribunal interior queda ahora expresamente conectado con lo ya establecido en diversos lugares acerca de las funciones de la facultad del juicio y, en particular, desde el escrito sobre la religión de 1793, acerca del peculiar modo de operación de la "conciencia moral[G]". Veamos, pues, brevemente los puntos principales del desarrollo del § 13.

4.3.1. Obligación moral y autoimputación

Como primer paso, Kant distingue aquí lo que concierne a la "necesidad objetiva", en el sentido preciso de la "constricción objetiva" (*objektive Nötigung*) por medio de la ley moral que impone un imperativo que restringe nuestra libertad, por un lado, y lo que concierne a la "imputación interior" (*innere Zurechnung*), ya sea en mérito o en demérito (*in meritum aut demeritum*), de una acción particular, considerada como algo que cae bajo la ley, vale decir, como un "hecho" (*Tat*), en el sentido específicamente jurídico del término, por el otro. Mientras que lo primero cae dentro de la esfera de competencia del "entendimiento práctico" (*praktischer Verstand*), que es el que da la regla (*Regel*), lo segundo es asunto que pertenece a la facultad del juicio (*Urteilskraft*, *iudicium*), que representa "el principio subjetivo de la imputación de la acción" (*das subjektive Prinzip der Zurechnung der Handlung*), puesto que la autoimputación debe verse ella misma como un caso particular de aplicación de la ley, esto es, a la acción particular del caso y al propio agente, en calidad de autor del "hecho" (cf. *Tugendlehre*, "Erstes Buch", "Erstes Hauptstück", § 13 p. 437 s.).

El procedimiento de autoenjuiciamiento y autoimputación que Kant tiene aquí en vista comprende dos pasos sucesivos. En primer lugar, la facultad del juicio (*Urteilskraft*) juzga, de modo jurídicamente válido (*rechtskräftig*), acerca de si la acción del caso ha tenido o no lugar en calidad de "hecho" (*Tat*), en el sentido jurídico preciso de una acción que cae bajo la correspondiente ley, lo cual constituye un paso previo imprescindible para la imputación en mérito o demérito. A ello sigue, en segundo lugar, la conclusión de la razón (*Schluß der Vernunft*), que reviste el carácter de "sentencia" (*Sentenz*), en el sentido judicial de término, y que establece la vinculación (*Verknüpfung*) de un determinado "efecto jurídico" (*rechtliche Wirkung*), ya sea de condena (*Verurteilung*) o bien de absolución (*Lossprechung*), con la acción imputada. Todo ello ocurre, explica Kant, "ante tribunal" (*vor Gericht, coram iudicio*), considerado éste como "una persona moral que presta eficacia a la ley" (*eine dem Gesetz Effekt verschaffende moralische Person*) (cf. p. 438). Sobre esta base, y como referencia a un factor que acompaña toda esta secuencia de pasos, Kant añade que la "conciencia" (*Bewußtsein*) de este tribunal interior en el ser humano no es otra cosa que lo que llamamos la "conciencia moral[G]" (cf. p. 438). Dicho de otro modo: la "conciencia moral[G]" corresponde a aquel momento o aspecto de reflexividad de carácter estrictamente subjetivo que se añade necesariamente, allí donde se está en presencia de un genuino proceso de *auto*imputación. Reaparece aquí, pues, bajo un lenguaje parcialmente diferente, pero inalterada en sus rasgos esenciales, la caracterización de la operación de la "conciencia moral[G]" en términos de la tesis de la doble reflexividad, tal como Kant la introduce por primera vez de modo expreso en el escrito sobre la religión de 1793.

No es necesario extenderse aquí mucho más sobre este punto, que fue discutido ya anteriormente. Nótese, sin embargo, que tampoco en este caso la terminología de Kant es demasiado precisa, desde el punto de vista de su propio vocabulario técnico. En particular, Kant apela aquí al "intelecto práctico" como aquella instancia que da la ley, con toda seguridad, porque prefiere reservar la noción de "razón" para la facultad que permite llevar a cabo el razonamiento que hace posible la aplicación de la ley al caso, dando lugar a la correspondiente sentencia. Va sin decir que la referencia a la facultad del juicio apunta a explicitar los procesos reflexivos que subyacen a la correspondiente determinación del caso como "hecho", en términos de la correspondiente ley, que opera como regla. Por su parte, la "conciencia moral^G" queda caracterizada en términos de aquella función reflexiva, de carácter esencialmente autorreferencial, que interviene necesariamente allí donde la imputación tiene lugar desde la perspectiva propia de la primera persona.

4.3.2. El juez interior como persona ideal

Sobre la base de lo dicho, Kant explica que todo ser humano, en la medida en que tiene una "conciencia moral^G", se siente observado (*beobachtet*) y amenazado (*bedroht*) por un juez interior (*ein innerer Richter*). En tanto detenta la potestad de custodia de las leyes morales presentes en el agente (*diese über die Gesetze in ihm wachende Gewalt*), tal juez interior, a pesar de no ser nada que el agente mismo se represente de modo puramente arbitrario (*willkürlich*) sino algo que está incorporado en su propio ser (*in seinem Wesen einverleibt*), le infunde el tipo peculiar de respecto (*Respekt*) que va acompañado de temor (*mit Furcht verbundene Achtung*). De tal juez interior nadie puede escapar de modo definitivo, por mucho que lo intente, pues sigue a cada quien como su propia sombra: uno puede aturdirse por medio de placeres y distracciones o bien ponerse a dormir, pero no puede evitar volver en sí y despertar, cuando de repente percibe la temible voz (*die furchtbare Simme*) del juez interior. A lo sumo, y en el extremo de su propia perversión (*in seiner äußersten Verworfenheit*), uno puede lograr ya no prestar atención a esa voz interior, pero no puede evitar oírla (cf. p. 438).

Es esta disposición originaria de carácter intelectual y, a la vez, moral, por ser una representación del deber (*diese ursprüngliche intelektuelle und (weil sie Pflichtvorstellung ist) moralische Anlage*), lo que se conoce habitualmente como la "conciencia moral[G]". Su peculiaridad reside, explica Kant, en el hecho de que se trata de una ocupación en la cual el ser humano se ocupa de sí mismo (*ein Geschäft des Menschen mit sich selbst*), pero que, sin embargo, se ve constreñido (*genötigt*) por su propia razón a realizarla como si fuera por orden de una persona diferente (*als auf Geheiß einer anderen Person*). Todo ocurre, pues, como si se tratara de una causa judicial (*Rechtsache, causa*) que se dirime ante un tribunal. Esto exige que el acusado no pueda ser identificado, sin más, con el juez que debe juzgarlo, pues, en tal caso, el acusador siempre perdería el proceso, dada la falta de imparcialidad del juez: no puede tratarse, por tanto, de "una y la misma persona" (*eine und diesselbe Person*) (cf. p. 438). En tal sentido, la "conciencia moral[G]" presupone necesariamente, en su misma operación, un peculiar desdoblamiento interior, en virtud del cual, allí donde se trata de enjuiciar el cumplimiento de sus propios deberes, cada quien tiene que representarse como juez de sus acciones a alguien diferente (*ein Anderer*) del ser humano, en general (*als der Mensch, überhaupt*) y, más precisamente, de su propia persona (*als sich selbst*). De lo contrario, entraría en contradicción (*Widerspruch*) consigo mismo (*mit sich selbst*), al querer, por un lado, someterse a juicio y, por otro, ser juez y parte en el proceso, lo cual equivale a no querer ser enjuiciado realmente.[26] Como Kant expresamente puntualiza, no importa que, a diferencia de lo que ocurre en el caso de un tribunal exterior, no se trate aquí de una "persona real" (*eine wirkliche ‹sc. Person›*), sino de una "persona meramente ideal" (*eine bloß idealische Person*) (cf. p. 438 s.), ya que

26 Me aparto aquí del texto de B. Ludwig, cuya versión reza "Also wird sich das Gewissen des Menschen bei allen Pflichten einen Anderen (als den Menschen überhaupt), d. i. als sich selbst, zum Richter seiner Handlungen denken müssen...", y sigo la versión de P. Natorp para la *Akademie-Ausgabe*, que reza como sigue: "Also wird sich das Gewissen des Menschen bei allen Pflichten einen Anderen (als den Menschen überhaupt, d. i.) als sich selbst, zum Richter seiner Handlungen denken müssen...". El cambio en la posición del paréntesis de cierre tiene importantes consecuencias de contenido, a saber: la versión de Ludwig da entender que "el otro" al que remite Kant en calidad de juez se identifica con "el ser humano, en general", mientras que la versión de Natorp implica que "el otro" que se tiene aquí en vista como juez se distingue tanto del "ser humano, en general", como también, y por lo mismo, del ser humano individual que se somete al autoenjuiciamiento que tiene lugar en el tribunal interior por medio de la "conciencia moral[G]". Desde el punto de vista textual, la versión de Natorp permite entender mejor el empleo de la expresión abreviada "d.i." (= "das ist"), al construirla como un nexo de carácter explicativo, que conecta dos complementos comparativos introducidos por "als", situados en el mismo nivel sintáctico.

ello no afecta en nada el aspecto más relevante, desde el punto de vista de la estructura misma del autoenjuiciamiento llevado a cabo por la "conciencia moral^G". Dicho aspecto concierne, específicamente, a la inevitable necesidad de un desdoblamiento de la perspectiva de consideración, en virtud del cual, en calidad de juez, se recurre a una persona que ha de ser necesariamente diferente de la propia persona enjuiciada. No se tiene aquí, pues, cualquier tipo de fenómeno de autodistanciamiento del que el agente individual pueda ser capaz en diversos contextos de actuación, tal como ocurre, por caso, en las diversas posibles formas del autoexamen y la autocrítica, que, como tales, no implican, en modo alguno, hacer lugar al tipo peculiar de alteridad que corresponde a la distinción de diferentes personas. En el caso particular de la "conciencia moral^G", se trata, pues, de un fenómeno de autodistanciamiento muy específico y altamente peculiar, justamente, en la medida en que involucra necesariamente un aspecto irreductible de alteridad personal, sin dejar por ello de constituir un procedimiento de *auto*enjuiciamiento. En efecto, en el marco de tal tipo peculiar de autoenjuiciamiento, las propias acciones deben poder ser consideradas desde el punto de vista propio de un juez imparcial, que las evalúa por referencia a la correspondiente ley, que, en este caso preciso, ha de ser la ley moral, y no la ley meramente jurídica. Es, pues, el propio recurso a la figura del juez, como se dijo ya, el que pone en juego aquí, necesariamente, una distinción que va más allá de lo que sería una mera diferenciación de aspectos o de roles, que, como tal, no implicara necesariamente la diversidad numérica de lo así distinguido.[27]

[27] La sentencia que refiere a la alternativa entre una "persona real" y una "persona meramente ideal" ha dado lugar a diversas interpretaciones, que, en ciertos casos, derivan en construcciones de carácter fuertemente especulativo. El texto de Kant reza: "Dieser Andere mag es nun eine wirkliche oder bloß idealische Person sein, welche die Vernunft sich selbst schafft" (*Tugendlehre* p. 438 s.). La traducción no presenta mayores dificultades: "Este otro puede ser, sin embargo, una persona real o ‹una› meramente ideal, que la razón crea para sí misma". Como el contexto muestra con toda claridad, la expresión "este otro" refiere a la figura del juez del tribunal interior, de quien se ha dicho inmediatamente antes que debe ser una persona diferente del acusado. La aclaración según la cual no importa si esa persona diferente es una persona real o meramente ideal debe entenderse aquí, con toda probabilidad, como una simple alusión a la diferencia entre el caso de un tribunal externo, compuesto por diversas personas reales, y el caso de un tribunal interior, concebido según la analogía con el primero: en el primer caso los diferentes roles están distribuidos entre diferentes personas reales, mientras en el segundo no, pero esto en nada altera el hecho de que también en el caso del tribunal interior el juez tiene que ser pensado necesariamente como una persona diferente. Deberá tratarse aquí, sin embargo,

En tal sentido, en la importante nota añadida al pasaje, Kant se esfuerza por describir de modo más preciso la configuración interna del peculiar fenómeno de desdoblamiento interior que tiene aquí en vista. Se trata, como se verá, de un fenómeno que combina en una estructura unitaria dos distinciones diferentes, cuyo alcance no resulta homologable, a saber: por un lado, la distinción entre dos maneras de considerar el "yo" del agente individual que se somete a autoenjuiciamiento por medio de la "conciencia moral[G]"; por otro lado, la distinción entre ese mismo "yo" y el juez que dicta sentencia al final del proceso, considerado como una persona diferente del acusado. En tal sentido, el ser humano que se acusa y se somete a autoenjuiciamiento por medio su "conciencia moral[G]" debe pensarse a sí mismo, explica Kant, en términos de lo que denomina aquí una "doble personalidad" (*zweifache Persönlichkeit*) o bien un "doble yo" (*doppelte Selbst*), que no implica, sin embargo, la distinción de diferentes personas. El acusador y el acusado son aquí el mismo ser humano, numéricamente idéntico (*numero idem*), a saber: uno mismo, es decir, aquel que en cada caso se llama a sí mismo "yo" (*ich*). Sin embargo, en el proceso de autoenjuiciamiento, este sujeto numéricamente idéntico se considera a sí mismo, desde del punto de vista exclusivamente práctico (*nur in praktischer Rücksicht*), bajo dos descripciones específicamente diversas (*specie diversus*), a saber: por un

de una persona meramente ideal. Esto último no impide, como el propio Kant lo puntualiza posteriormente, que, en la medida en que la propia operación de la "conciencia moral[G]" presupone necesariamente el recurso a la representación ideal del juez interior, el agente individual que se somete al autoenjuiciamiento por medio de ella se vea llevado necesariamente a asumir *como real* (*als wirklich annehmen*) ese Ser Supremo (*ein solches höchstes Wesen*) que encuentra, por así decir, en su propio interior, pero que se le presenta, a la vez, como diferente de él mismo y, por tanto, como existente "fuera de él mismo" (*außer sich*) (cf. p. 439). Esta irreductible tensión estructural representa, a juicio de Kant, un elemento constitutivo del autoenjuiciamiento por medio de la "conciencia moral[G]", en tanto éste, sin dejar de ser un caso de *auto*enjuiciamiento, remite a la vez de modo inmediato –vale decir, sin más rodeos reflexivos de segundo y tercer orden, y desde la perspectiva interna propia de la primera persona– más allá del ser del propio agente individual que se somete a él, hacia alguien diferente de él mismo. La propia "conciencia moral[G]" no introduce aquí ulteriores consideraciones temáticas *sobre* aquello mismo a lo que recurre necesariamente en su propia operación, aunque puede dar lugar, ya en el plano de la actitud natural, a las correspondientes actitudes de respeto y veneración. Es, en cambio, la tematización de la estructura de este peculiar modo de la conciencia ejecutiva de sí la que, en el plano que corresponde a la reflexión filosófica, debe poner nítidamente de relieve que lo que se tiene aquí debe verse como una idealidad que, en la perspectiva de la primera persona, se presenta ella misma, sin embargo, bajo la forma de la realidad.

lado, como sujeto de la legislación moral que procede del concepto de libertad y, con ello, como sometido a una ley que él mismo se da a sí mismo; por otro lado, como un ser del mundo sensible, pero dotado de razón. Bajo la primera descripción, que corresponde al *homo noumenon*, el individuo humano que se somete a autoenjuiciamiento se identifica con el acusador (*Ankläger*); bajo la segunda, que, aunque Kant no lo especifica en el texto, corresponde al *homo phaenomenon*, se identifica, en cambio, con el acusado (*Angeklagter*), el cual tiene derecho a un defensor que lo asista jurídicamente frente al acusador. Por su parte, el juez encargado de dar sentencia no puede identificarse, ya desde el punto de vista meramente funcional, ni con el *homo noumenon*, que acusa, ni con el *homo phaenomenon*, que es acusado e intenta defenderse.[28] Por lo mismo, el juez sólo entra aquí en escena una vez que los alegatos del proceso ya están concluidos (*nach Schließung der Akten*). El juez interior (*der innere Richter*) se presenta entonces, explica Kant, como "persona dotada de poder" (*als machthabende Person*), que da su veredicto final sobre el merecimiento de felicidad (*Glückseligkeit*) o miseria (*Elend*) del acusado, consideradas estas últimas como consecuencias

[28] En un importante pasaje contenido en el tratamiento de la mentira de § 9, Kant señala, en atención a la diferencia entre la mentira exterior (*mendacium externum*) y la mentira interior, que decir a otro (*einem Anderen*) lo que uno mismo no cree tiene siempre el mismo impacto negativo sobre el valor de la propia persona, no importa si ese otro es una persona meramente ideal (*wenn es auch eine bloß idealische Person wäre*), como ocurre en el caso de la mentira interior (cf. p. 429). En la posterior explicación de la posibilidad de esta última, Kant indica que la dificultad reside, sobre todo, en la necesidad de hacer referencia a una segunda persona (*zweite Person*) a la que se pretende engañar y apela, de inmediato, a la distinción entre *homo noumenon* y *homo phaenomenon*, para poner de manifiesto que, al intentar engañarse a sí mismo, el sujeto se vale de su propia constitución natural (*vgr.* su capacidad de expresar y comunicar pensamientos) como un mero instrumento. Sobre esta base, se ha creído a veces poder sostener una interpretación de la descripción del tribunal interior del § 13, según la cual la referencia de Kant a una "persona meramente ideal" podría aplicarse tanto a Dios, en su calidad de juez interior, como también al *homo noumenon*, que, como acusador, representa la ley moral. Sin embargo, en el pasaje del § 9 no se establece de modo tajante que la distinción entre *homo noumenon* y *homo phaenomenon* deba entenderse como una distinción entre dos personas diferentes. Más bien, Kant se limita a señalar aquí que la dificultad de la mentira interior reside, precisamente, en la necesidad de hallar una "segunda persona" a la que se busca engañar. Por su parte, todo el desarrollo del argumento presentado en el § 13 muestra que es el juez interior, y no el acusador, el que debe ser considerado necesariamente como una persona diferente. Por cierto, Kant admite que puede haber autoengaño voluntario, por ejemplo, al modo de la mentira interior tratada en el § 9, pero, como se verá enseguida, rechaza, en cambio, que pueda existir algo así como un autosentenciamiento, incluso en aquellos contextos en los cuales se está en presencia de casos de autoacusación.

morales (*als moralische Folgen*) de su acción. En esta calidad, el poder (*Macht*) del juez interior es el propio de un "regente del mundo" (*Weltherrscher*) y, por lo mismo, escapa a todo lo que podemos perseguir meramente por medio de nuestra razón, de modo que sólo nos queda adoptar aquí una actitud de reverencia (*verehren*) ante su veredicto inapelable, sea éste positivo (*iubeo*) o bien negativo (*veto*) (cf. p. 439 nota).

Leído de este modo el pasaje,[29] lo que Kant presenta aquí es una versión refinada de la representación del foro interior o tribunal interior, tal como había sido elaborada ya en *VM*. Como se vio, allí se identificaba al acusador, en tanto representante de la ley moral, con la razón (*Vernunft*), y no con la "conciencia moral[G]", mientras que el acusado, que es el sujeto individual del caso, tenía como defensor al principio que en nosotros se opone al mandato moral, es decir, el amor propio (*Selbstliebe*). Por su parte, la "conciencia moral[G]" era caracterizada por referencia a la presencia de un juez interior que absuelve o condena, y que no puede ser engañado. (cf. *VM* p. 193). En *Tugendlehre*, donde se opera ya con distinciones fundamentales que Kant elabora en el marco de su filosofía crítica, los roles del acusador y el acusado se mantienen, pero quedan redescriptos adicionalmente en términos de la distinción entre *homo noumenon* y *homo phaenomenon*. Por otra parte, la operación de la "conciencia moral[G]", la cual sigue siendo tendencialmente identificada ella misma con el tribunal interior como un todo,

---

29 Para una interpretación diferente, véase Schmidt – Schönecker (2014a), (2014b) y (2017), quienes parten de la suposición de que la referencia inicial de Kant a la alternativa entre una "persona real" y una "persona meramente ideal", diferente del acusado, contiene una ambivalencia en su formulación, en virtud de la cual puede ser entendida o bien 1) en términos de la alternativa entre el *homo noumenon*, como persona real, y Dios, como persona meramente ideal, o bien 2) en términos de la alternativa entre dos posibles modos de caracterizar a Dios mismo. Se tendría aquí, según Schmidt – Schönecker, una disyunción exclusiva, dentro de la cual, a su juicio, habría que inclinarse por 2) (véase Schmidt – Schönecker [2014a] p. 306 ss. y [2017] p. 120 ss.). Por su parte, Oehl (2017) p. 89 ss. acepta el diagnóstico referido el carácter exclusivo de la disyunción entre la interpretación 1) y la 2), pero se inclina, en cambio, por 1). Sin embargo, si la interpretación que he ofrecido es correcta, hay que rechazar, sin más, la suposición inicial según la cual las posibilidades de interpretación quedan aquí agotadas con la disyunción exclusiva entre 1) y 2). Según lo explicado arriba, el objetivo de Kant al introducir la alternativa entre una "persona real" y una "persona meramente ideal" es bastante más sencillo, pues no hace más que aludir al contraste entre lo que ocurre en un verdadero tribunal, que es siempre una institución jurídica situada en la exterioridad y conformada por diversas personas reales, por un lado, y lo que hay que admitir, por vía puramente analógica, en el caso del "tribunal interior" que representa el modo de operación propio de la "conciencia moral[G]", por el otro.

queda descripta en términos de la tesis de la doble reflexividad, introducida por primera vez en *Religion* y reelaborada en *Tugendlehre*, sobre la base de la tematización de las funciones reflexivas de la facultad del juicio, tal como se lleva a cabo desde *KU* en adelante. En cuanto a la figura del juez interior, como tal, en *Tugendlehre* se enfatiza de un modo nuevo y mucho más marcado el rasgo diferencial, presente de modo menos nítido ya en *VM*, que consiste en que éste debe ser representado, ya en virtud de su propia función de juez, como una persona diferente, en la medida en que no se identifica con el propio agente individual que se somete al proceso de autoenjuiciamiento bajo ninguna de las dos descripciones posibles que hacen referencia a lo que Kant llama su "doble personalidad" o su "doble yo". Aunque a primera vista este aspecto pudiera dar la impresión de poseer un carácter meramente constructivo, como si derivara meramente de la lógica interna que impone la propia representación de un tribunal interior, lo cierto es que está en línea con asunciones básicas del modo en el que Kant trata fenómenos como la acusación y el castigo en otros contextos. En efecto, Kant asume en general que la noción misma de acusación no excluye, como tal, la posibilidad de ser empleada de modo reflexivo o autorreferencial, pues no hay nada de inaceptable en la idea de que alguien pudiera, en sentido jurídico, o bien debiera, en sentido moral, acusarse a sí mismo de algo. En cambio, la noción de sentenciarse a sí mismo, ya sea en el sentido de autocondenarse o bien autoabsolverse, no parece aceptable, ni desde el punto de vista jurídico ni desde el punto de vista moral.[30] Es, precisamente, el modelo jurídico de *autoacusación sin autosentenciamiento*, sea éste

[30] En tal sentido, Kant rechaza la posibilidad del "autocastigo", tanto desde el punto de vista ético como jurídico. En el ámbito ético, la actitud correcta frente a la propia falta consiste en el arrepentimiento (*bereuen*), y no en el intento de expiarla (*büßen*) por propia iniciativa a través de castigos autoimpuestos. Por lo mismo, el castigo, allí donde proceda, sólo podrá ser impuesto por alguien diferente de quien lo recibe (cf. *Tugendlehre* § 53 p. 485; véase también *MdS Vigilantius* § 48 p. 554 s.). En el ámbito propiamente jurídico, como es obvio, nadie puede pretender condenarse a sí mismo y determinar el castigo que le corresponde, ni tampoco puede ser el pueblo (*das Volk*), como sujeto empírico colectivo, el que imponga penas, por caso, la pena de muerte, sino sólo el tribunal (*das Gericht*), que representa la justicia en su dimensión pública (*öffentliche Gerechtigkeit*), como componente esencial de todo genuino contrato social, justamente, en la medida en que éste no puede contener la promesa de autocastigarse y disponer así sobre la propia vida (cf. *Rechtslehre* § 52, "Allgemeine Anmerkung" E, p. 335).

condenatorio o bien absolutorio, el que Kant aplica, tomado en un sentido analógico, también en su análisis de la operación de la "conciencia moral^{G}", con arreglo a la representación del tribunal interior.

4.3.3. "Conciencia moral^{G}" y Dios

Como se echa de ver, la caracterización de la operación de la "conciencia moral^{G}" por medio del recurso a la figura del tribunal interior pone claramente de manifiesto, entre otras cosas, que la distinción funcional entre el orden de lo sensible-fenoménico y el orden de lo inteligible-nouménico, lejos de poder verse como resultado de una construcción de carácter especulativo que fuera parte del patrimonio exclusivo de la filosofía crítica, hunde ella misma sus raíces, a juicio de Kant, en el uso común de la razón, en particular, allí donde éste tiene un carácter propiamente práctico-moral, y ello, en la medida en que forma parte de sus presuposiciones básicas imprescindibles. Como se sabe, en este misma dirección apuntan, cada uno a su modo, tanto el complejo argumento elaborado en la "Tercera Sección" de *Grundlegung*, como el tratamiento del objeto de la razón pura práctica de *KpV*, en la medida en que ponen de relieve la radical ampliación de la perspectiva de enjuiciamiento que hace posible para la facultad del juicio la representación puramente intelectual de un orden suprasensible de carácter estrictamente moral, al modo de un "Reino de los fines".[31] También la operación de la "conciencia moral^{G}" presupone, como lo muestra el tratamiento de *Tugendlehre*, el mismo tipo de ampliación de la perspectiva de enjuiciamiento. En este caso particular, esta última queda articulada, por un lado, por referencia al desdoblamiento del propio "yo" del agente humano en su aspecto fenoménico y su aspecto nouménico y, por otro, por referencia a la representación de un juez que, trascendiendo por completo la dimensión propiamente humana, se presenta investido del poder propio de un "regente del mundo" y juzga de modo inapelable sobre el destino ulterior que corresponde al propio agente, en razón de sus merecimientos morales. Como se ve, se trata en este último caso de aspectos que Kant tematiza en el marco

[31] Para una discusión más amplia de estos aspectos, véase Vigo (2012b).

de la doctrina de los así llamados "Postulados de la razón pura práctica" (cf. *KpV* p. 122-134), de modo que, a juicio del propio Kant, tampoco aquí estamos en presencia de construcciones especulativas que fueran patrimonio exclusivo de la filosofía crítica, sino, más bien, de un conjunto de presuposiciones elementales e imprescindibles del uso práctico de la razón, que la propia filosofía crítica no hace más que elevar al plano de la elucidación temática.

Pues bien, todo esto muestra que la referencia a Dios (*Gott*), a la hora de tematizar la operación de la "conciencia moral[G]", no puede considerarse, en el caso de Kant, como algo de importancia solo secundaria o marginal, sino que debe verse, por el contrario, como un elemento imprescindible, desde el punto de vista teórico y sistemático, sin el cual la propia caracterización de la "conciencia moral[G]" no podría ser llevada a término de modo satisfactorio. Dado que este último es el objetivo específico que Kant persigue en el presente contexto, no puede sorprender que también el propio Dios quede caracterizado en términos que se corresponden con tal objetivo. En tal sentido, Kant indica que la persona ideal que aparece como "juez autorizado" en lo que concierne a la "conciencia moral[G]" (*der autorisierte Gewissensrichter*) no sólo debe ser un experto conocedor del corazón humano (*ein Herzkündiger*), sino que debe presentarse, a la vez, como capaz de imponer toda obligación (*allverpflichtend*), vale decir, como una persona de índole tal que todos los deberes puedan ser vistos, en general, como mandatos suyos (*als ihre Gebote*). Y ello es así, precisamente, porque la "conciencia moral[G]" debe verse como el juez interior cuya competencia se extiende a todas las acciones libres (*über alle freien Handlungen*) del agente moral individual. Sin embargo, un ser moral de tal índole debe tener, al mismo tiempo, todo poder (*alle Gewalt*), tanto en el cielo como en la tierra (*im Himmel und auf Erden*). De lo contrario, ya no podría garantizar el efecto que, en cada caso, está en concordancia con sus propias leyes, que es lo que propiamente corresponde a la función del juez. Pues bien, este ser moral que tiene poder sobre todas las cosas (*ein solches über alles machthabende moralische Wesen*) es lo que habitualmente se conoce bajo el nombre de Dios. En tal sentido, la "conciencia moral[G]" deberá ser pensada necesariamente como principio subjetivo (*subjetives Prinzip*) de una responsabilidad por las propias acciones de la cual cada uno debe dar cuenta ante Dios (*vor Gott*). Dado que lo que se tiene en este peculiar tipo de referencia a Dios es un elemento que pertenece a la estructura misma de la "conciencia moral[G]", considerada desde el punto de vista del ámbito de despliegue de su propia operación de enjuiciamiento, se sigue entonces, para Kant, que el concepto de Dios está contenido en todo momento (*jederzeit*) en esta forma específica de "autoconciencia moral" (*in jenem moralischen Selbstbewußtsein*), aunque sólo sea de modo oscuro (cf. *Tugendlehre* p. 439).

Ahora bien, lo que muestra el análisis precedente es que la propia "conciencia moral[G]" conduce, a través de su misma operación, a la idea de un Ser Supremo (*ein höchstes Wesen*), que, en razón de sus rasgos característicos, se corresponde con lo que se conoce habitualmente bajo el nombre de Dios. Sin embargo, poner de manifiesto que la suposición de dicho Ser Supremo resulta necesaria, desde el punto de vista de la "conciencia moral[G]", en su calidad de principio *subjetivo* de la responsabilidad (moral) por las propias acciones, no significa haber proporcionado algo así como una prueba *objetiva* de la existencia de Dios, desde el punto de vista del uso teórico-especulativo de la razón. En efecto, la idea de la que aquí se trata, esto es, la idea de Dios como regente universal y juez de la moralidad de las acciones, resulta vinculante sólo desde el punto de vista subjetivo (*bloß subjektiv*), puesto que viene dada por la razón práctica, que se obliga a sí misma a obrar de modo adecuado a ella (cf. p. 439 s.). Lo que el ser humano obtiene de este modo, por medio de la analogía (*Analogie*) con un legislador (*Gesetzgeber*) de todos los seres racionales del mundo, no es, por tanto, explica Kant, más que una mera guía (*bloße Leitung*) para representarse su propia escrupulosidad en los asuntos que conciernen a la "conciencia moral[G]" (*Gewissenhaftigkeit*) como responsabilidad (*Verantwortlichkeit*) ante un Ser Santo (*heiliges Wesen*), que es diferente de él mismo, pero está presente en lo más íntimo de su interior, y para someter así su voluntad a las reglas de la justicia (cf. p. 440). Esta forma de escrupulosidad de conciencia puede ser llamada también "religión" (*religio*), la cual, tomada en este sentido puramente moral, representa para el ser humano tan sólo "un principio de enjuiciamiento (*Beurteilung*) de todas sus obligaciones como mandamientos divinos (*göttliche Gebote*)" (p. 440).[32]

Kant retoma así, en el contexto de *Tugendlehre*, una noción de religión que había sido presentada ya, de un modo diferente, en la lección sobre filosofía moral de 1774-1775. También en *Tugendlehre* mantiene Kant su tesis principal, según la cual la noción de religión no debe jugar ella misma ningún papel a la hora de dar cuenta del fundamento de la moralidad, puesto que es la religión, en el sentido aquí relevante, la que presupone la moralidad, y no viceversa. Sin embargo, el propio Kant está ahora en posesión de una diferenciada teoría de la motivación y, además, de una no menos diferenciada concepción relativa a las funciones de la facultad del juicio, en general, y de la "conciencia moral[G]", en particular. Por ello, a diferencia

32 Para una interpretación que presenta el desarrollo del § 13 de *Tugendlehre* como un argumento que provee una "prueba práctica" (*praktischer Beweis*) de la existencia de Dios, hasta ahora no reconocida como tal, véase Schmidt – Schönecker (2017) esp. p. 133 ss. Por cierto, en su discusión del asunto, altamente diferenciada, Schmidt – Schönecker no incurren en el error metódico elemental de atribuir a la propia "conciencia moral[G]" dicha supuesta "prueba práctica", sino que la reservan para la descripción (*Beschreibung*) de su operación, tal como la lleva a cabo Kant en el texto. Dicho de otro modo: la "prueba práctica" que Schmidt – Schönecker tienen en vista pertenece a la *teoría* de la "conciencia moral[G]", y no a su operación misma. En efecto, lo que Kant muestra en su análisis del fenómeno no es sino el modo en que la "conciencia moral[G]" conduce en y con su misma operación, por así decir, a (la idea de) Dios, y ello, en la medida en que hace intervenir a Dios como juez de nuestras propias acciones. Tal tipo de recurso a (la idea de) Dios, no constituye, sin embargo, una "prueba", en ningún sentido relevante del término, sino que debe verse, más bien, como un requerimiento de la operación misma de la "conciencia moral[G]", que se sitúa en el plano puramente ejecutivo. Por lo mismo, no implica, como tal, la consideración temática del modo en el cual tiene lugar ese mismo recurso a (la idea de) Dios, en el marco de la propia operación de la "conciencia moral[G]": es la teoría de la "conciencia moral[G]" la que tematiza el modo en el cual ésta recurre necesariamente, en razón de su mismo modo de operación, a (la idea de) Dios, y no la "conciencia moral[G]" misma. Aclarado esto, ¿puede decirse, sin embargo, que la descripción de la operación de la "conciencia moral[G]" en el § 13 de *Tugendlehre* posee ella misma, ya sea explícita o bien sólo implícitamente, el carácter de un intento de ofrecer una "prueba práctica" de la existencia de Dios? A mi modo de ver, la respuesta es claramente que no. Lo que Kant intenta llevar a cabo en el texto es una descripción, por así decir, fenomenológica del modo en el cual tiene lugar la operación de la "conciencia moral[G]", y tal descripción muestra, entre otras cosas, que el recurso a (la idea de) Dios es un requerimiento imprescindible dentro del marco de esa misma operación. Pero Kant no ofrece ni pretende ofrecer aquí ninguna "prueba", en la forma un argumento que, partiendo del modo de la operación de la "conciencia moral[G]", mostrara que hay que admitir, desde el punto de vista práctico, la existencia de Dios. Esto último resulta bastante evidente, a mi modo de ver, si se compara el desarrollo del § 13 de *Tugendlehre* con otros pasajes en los cuales Kant efectivamente elabora, de modo expreso, esa clase de argumentos (véase, por ejemplo, *KU* §§ 84-91, donde Kant considera las diversas pruebas de la existencia de Dios que resulta posible ofrecer, desde el punto de vista que atiende a lo que exige en cada caso la peculiar modalidad del "dar por verdadero" a la que da lugar la reflexión teleológica).

de lo que ocurría en la lección de 1774-1775, en *Tugendlehre* Kant ya no deja lugar a ninguna duda respecto de que el lugar sistemático de la religión no debe ser buscado tampoco, propiamente, en el ámbito de la teoría de la motivación. En efecto, la religión aparece ahora más bien, como lo hacía ya en el escrito sobre la religión de 1793, conectada de modo directo con las funciones de la "conciencia moral[G]" y, por lo mismo, también con el deber de autoexamen y autoenjuiciamiento asociado a ella. Dios no es ni puede ser, pues, para Kant, la razón ni el motivo por los cuales hemos de obrar en conformidad con los mandatos de la moralidad, ya que tal cosa sería incompatible con la misma pureza de la motivación moral. Pero sigue siendo, sin embargo, aquel juez sabio y todopoderoso ante quien, a través del autoexamen de nuestra propia "conciencia moral[G]", damos cuenta, en definitiva, de nuestro cumplimiento o falta de cumplimiento de esos mismos mandatos. Por lo mismo, a la hora de asumir la responsabilidad que nos cabe por nuestras propias acciones, los mandatos de la moralidad se nos presentan siempre, al mismo tiempo, también como mandatos divinos.

4.3.4. Modo de operación de la "conciencia moral[G]"

El tratamiento de la "conciencia moral[G]" con arreglo al modelo interpretativo provisto por la representación del tribunal interior se concluye con una breve recapitulación de los momentos que contiene su modo de operación. En los asuntos que le conciernen (*Gewissenssache, causa conscientia tangens*), explica Kant, la "conciencia moral[G]" interviene, por así decir, de dos modos y desde dos perspectivas diferentes, a saber: antes (y durante) la acción, y tras la acción. A ello se añade, en tercer lugar, la intervención final que corresponde a la proclamación de su sentencia. Veamos, pues, brevemente estos tres aspectos.

En primer lugar, antes (y durante) la acción la "conciencia moral[G]" se presenta como una "conciencia que advierte" (*warnendes Gewissen, conscientia praemonens*). Aquí hay que distinguir claramente, señala Kant, la más cuidadosa "escrupulosidad" (*Bedenklichkeit, scrupolositas*), en el sentido positivo del término, por un lado, y la mera "puntillosidad" o "micrología" (*Kleinigkeitskrämerei, Mikrologie*), por el otro. Mientras que esta última constituye, como se vio ya en la lección sobre filosofía moral de 1774-1775, una deformación del sentido de un recto autoexamen y autoenjuiciamiento a través de la "conciencia moral[G]", la primera debe estar, en cambio, siempre presente, cuando se trata de materias morales vinculadas a conceptos de deber, que son competencia exclusiva del juez interior (*casus conscientiae*). Por lo mismo, el rechazo de la "conciencia micrológica" no debe conducir jamás al error de considerar mera "bagatela" (*Bagatelle, peccatillum*) lo que constituye una verdadera transgresión de los principios de la moralidad. Por lo mismo, tener una "conciencia laxa" (*weites Gewissen*) equivale, en último término, a carecer de una genuina "conciencia moral[G]" (*gewissenlos*) (cf. *Tugendlehre* p. 440), lo cual debe entenderse en el sentido, ya indicado, de estar dispuesto o acostumbrado a no prestarle oídos. No puede sorprender demasiado que Kant se detenga aquí en esta cuestión particular, si se tiene en cuenta que el error de pasar por alto cosas relevantes en materias concernientes a la "conciencia moral[G]" sólo puede tener lugar, propiamente hablando, de modo prospectivo o bien concomitante, ya que, al quedar concluida la acción, la "conciencia moral[G]" siempre puede volver a anunciarse, en caso de ser necesario. Por otra parte, incluso allí donde no se quiere prestar oídos a un reproche que la "conciencia moral[G]" formula desde el punto de vista retrospectivo, lo que se tiene no es sino el reproche de haber pasado por alto lo que era moralmente relevante, en el momento mismo de decidir y actuar, vale decir, de modo prospectivo o bien concomitante.

Por otra parte, la "conciencia moral[G]" se anuncia también allí donde la acción ya ha sido concluida. Aquí se presenta en la figura de un acusador o fiscal (*Ankläger*), junto al cual aparece siempre, a la vez, también un abogado defensor (*Anwalt*). Se trata, sin embargo, de un pleito (*Streit*) que excluye de antemano toda posibilidad de resolución por vía de acuerdo amigable entre las partes (*per amicabilem compositionem*), de modo que solamente puede decidirse con la severidad del derecho (*nach der Strenge des Rechts*) (cf. p. 440).

Por último, la sentencia (*Spruch*) de la "conciencia moral[G]", que es necesariamente de absolución (*lossprechen*) o condena (*verdammen*), es jurídicamente válida (*rechtskräftig*). Dado el carácter estrictamente judicial del proceso, la absolución no puede tener aquí jamás el carácter de un premio (*Belohnung, praemium*), en el sentido de que se obtenga como ganancia algo que no se poseía aún. Por el contrario, lo que se obtiene en caso de absolución no es más que el poder estar contento (*ein Frohsein*) de haber escapado al peligro de ser hallado merecedor de castigo (*strafbar*). Por cierto, cuando la sentencia de la "conciencia moral[G]" resulta absolutoria, tiene un efecto consolador, que nos infunde ánimo (*trostender Zuspruch*). Pero el contento (*Seligkeit*) que aquí se presenta no es de carácter positivo, al modo de la alegría (*Freude*), sino meramente negativo, al modo de la calma que sigue a una previa inquietud (*Beruhigung nach vorhergegangener Bangigkeit*) (cf. p. 440).

4.4. El deber del autoconocimiento

El tratamiento de la "conciencia moral[G]" de *Tugendlehre* se completa con la consideración del deber frente a sí mismo que aparece inmediatamente conectado con ella. Tal deber no es otro que el que adquiere expresión en el mandato proverbial "conócete a ti mismo" (*gnôthi seautón*). El origen de la sentencia se remota, como nadie ignora, al famoso oráculo de Delfos, santuario dedicado al dios Apolo, que cumplió una importantísima función cultural y política en el contexto de la cultura griega clásica, particularmente, entre los siglos VII y IV a. C. De acuerdo con las fuentes antiguas, para mediados del siglo V a. C. la sentencia "conócete a ti mismo" ya había sido inscripta en el friso del pródromo del oráculo, donde aparecía junto a otras sentencias similares, entre las cuales sobresale la correspondiente al mandato "nada en demasía" (*mēdèn ágan*). La estrecha asociación con esta última provee, además, una clave para la interpretación del sentido originario del mandato de autoconocimiento, que, al parecer, apuntaba ante todo a la toma de conciencia y la observación de los límites humanos, con el fin de evitar caer en la desmesura (*hýbris*) de pretender asemejarse a los dioses y transgredir así el orden sagrado del mundo. La sentencia adquiere posteriormente una acentuación diferente, cuando, a través de Sócrates, queda expresamente referida a la exigencia de autoexamen y autocrítica que deriva de una concepción específica del bien humano, en la cual la vinculación entre virtud (*aretḗ*), reconocimiento de la propia ignorancia y autoconocimiento juega un papel decisivo. Es, precisamente, esta peculiar reinterpretación socrática del mandado délfico del autoconocimiento, con su inflexión primariamente moral y su expresa vinculación con el motivo de la "docta ignorancia", como se la denominó posteriormente (*vgr.* Nicolás de Cusa), la que, en diferentes modulaciones, desempeñó un papel central en la posterior historia del pensamiento filosófico occidental, desde Platón en adelante.[33] El propio Kant menciona reiteradamente, y en diversos contextos, la idea socrática de un saber que sabe de la propia ignorancia, como modelo ejemplar de lo que ha de ser una genuina conciencia crítica también en el plano científico y filosófico, en la medida en que da expresión a una actitud de sincera modestia ajena a toda pretensión de saber puramente fantasiosa (cf., por ejemplo, *Jäsche Logik* p. 44 s.).[34] El conciso tratamiento del deber de autoconocimiento que Kant ofrece en *Tugendlehre* se inscribe, pues, en un contexto mucho más amplio y, por lo mismo, posee también una relevancia sistemática mucho mayor de lo que podría parecer a primera vista.

4.4.1. Autoconocimiento como mandato moral

La fórmula "conócete a ti mismo" (*Erkenne dich selbst*) da expresión, según Kant indica en el título mismo de la sección dedica a su discusión (cf. *Tugendlehre* §§ 14-15), a "el primer mandato de todos los deberes frente a sí mismo" (*das erste Gebot aller Pflichten gegen sich selbst*). La fórmula manda conocerse a sí mismo, en el sentido preciso de someterse a sí mismo a investigación (*erforschen*) o indagación (*ergründen*), y no meramente en el

33 Para una discusión de la reinterpretación socrática de la sentencia délfica y su proyección en la concepción platónica, me permito remitir a Vigo (2012a). Para la conexión entre "conciencia moral[G]" y autoconocimiento moral en Kant, véase la excelente contribución de La Rocca (2013).

34 Véase también *Jäsche Logik* p. 22, donde Sócrates es considerado, en razón de su modo de comportarse, como aquel, de entre casi todos los seres humanos, que más se aproximó a la idea del sabio. Para una breve relación de los pasajes en los cuales se elogia el ideal socrático y la figura de Sócrates, también en la medida en que la encarna, véase Fröhlich – O'Connor (2015). Para otros aspectos de la recepción kantiana de Sócrates, sobre todo, también en conexión con la ética estoica, véase Santozki (2006) esp. p. 193 s., 444 ss.

sentido de tomar nota de sí mismo o reconocerse a sí mismo. Se trata, más precisamente, de someterse a examen a uno mismo desde un punto de vista claramente determinado, a saber: no según la propia "perfección física" (*physische Vollkommenheit*), vale decir, la aptitud (*Tauglichkeit*) o falta de aptitud (*Untauglichkeit*) para fines de cualquier tipo, tanto determinados a capricho como de carácter mandatorio, sino, más bien, según la propia "aptitud moral" (*moralische Tauglichkeit*), por referencia a aquello que constituye, en cada caso, el propio deber (*deine Pflicht*). Dicho de otro modo: lo que se ha de investigar aquí es el propio "corazón" (*dein Herz*) de uno mismo, indagando si es bueno (*gut*) o malo (*böse*) y, con ello, si la fuente (*Quelle*) de la que brotan las propias acciones es sincera (*lauter*) o insincera (*unlauter*), y sometiendo, además, a examen todo aquello que, ya sea como algo que pertenece de modo originario a la "sustancia" (*Substanz*) misma del ser humano o bien como algo derivado que ha sido adquirido o contraído, uno pueda imputarse a sí mismo y pertenezca al propio "estado moral" (*moralischer Zustand*) (cf. § 14 p. 441).

Lo que se manda en este importantísimo mandato no es, pues, sino el genuino "autoconocimiento moral" (*moralische Selbsterkenntnis*), que exige nada menos que penetrar (*dringen*) en las honduras abismales (*Tiefen, Abgrund*) del corazón. Esta tarea dificilísima representa, explica Kant, el "comienzo de toda sabiduría humana" (*aller menschlichen Weisheit Anfang*). En efecto, si la sabiduría ha de verse como la concordancia de la voluntad de un ser (racional) con su fin último (*Zusammenstimmung des Willens eines Wesens zum Endzweck*), alcanzarla exige necesariamente, en el caso del ser humano, ante todo la remoción de los obstáculos interiores (*innere Hindernisse*) propios de un querer maligno que anida en él, y luego también el despliegue de aquella disposición originaria (*ursprüngliche Anlage*) de una buena voluntad, que está presente en su interior y que nunca puede perderse del todo. No hay modo, pues, de evitar la confrontación consigo mismo a través del más riguroso autoexamen y el autoenjuiciamiento, tal como lo lleva a cabo la propia "conciencia moral[G]", si es que realmente se espera poder avanzar por el camino del genuino mejoramiento moral, superando los obstáculos que ponen constantemente las propias miserias.

La importancia fundamental que Kant concede a esta última constatación se refleja en el hecho de que se permite dotarla de un particular énfasis dramático, poco frecuente en la árida austeridad de su estilo habitual, por medio de una notable cita de J. G. Hamann, su amigo personal y adversario filosófico, cuyo nombre, sin embargo, no menciona en el texto: "sólo el tránsito a través de la caverna infernal del autoconocimiento allana el camino hacia la divinización" (*nur die Höllenfahrt der Selbsterkenntnis bahnt den Weg zur Vergötterung*) (cf. p. 441).[35]

4.4.2. Consecuencias del autoconocimiento moral

La importancia que Kant concede al autoconocimiento moral puede verse como el reverso de su preocupación por los efectos que trae consigo el autoengaño, en sus diversas posibles formas.[36] Este aspecto de su posición, que ratifica el carácter genuinamente socrático de su reivindicación del autoexamen y el autoenjuiciamiento, se advierte con particular nitidez, cuando se atiende a la conexión sistemática que en la concepción de *Tugendlehre* vincula el tratamiento de los deberes de autoconocimiento y de veracidad, por un lado, con el correspondiente rechazo de la mentira, por el otro. La conexión viene dada aquí, ante todo, por el hecho de que la discusión de la prohibición de la mentira (*Lüge*), en tanto contraparte (*Widerspiel*) de la veracidad (*Wahrhaftigkeit*), que Kant lleva a cabo en el § 9, queda enmarcada, desde el punto de vista sistemático, en el tratamiento de los deberes que el agente tiene frente a sí mismo, y no, como tal vez se podría esperar en primera instancia, en el marco de los deberes que el agente tiene frente a los demás. En tal sentido, Kant señala incluso que la mentira constituye nada menos que la mayor lesión posible (*die größte Verletzung*) del deber de un

35 La cita de Hamann procede de un texto titulado "Chimärische Einfälle über den zehnten Theil der Briefe die Neueste Litteratur betreffend" (cf. *ChE*), incluido originalmente en su libro *Kreuzzüge des Philologen* de 1762. El pasaje citado por Kant reza allí: "und nichts als die Höllenfahrt der Selbsterkänntnis bahnt uns den Weg zur Vergötterung" (cf. p. 164). Para este motivo de Hamann y su recepción por parte de Kant, véase Goldstein (2010), quien identifica el pasaje original de Hamann, que ya en tiempos de Kant había sido pasado, en general, por alto.

36 Para una buena presentación de conjunto de la concepción kantiana del autoconocimiento y el autoengaño, en conexión con el problema del mal y la posibilidad del mejoramiento moral, véase Papish (2018).

ser humano frente a sí mismo, considerado meramente como ser moral (*bloß als moralisches Wesen betrachtet*), vale decir, con referencia a la humanidad en su propia persona (*die Menschheit in seiner Person*) (cf. p. 429).

No es posible considerar aquí de modo detallado el tratamiento de la mentira que Kant ofrece en ese notable parágrafo.[37] Baste con señalar que en el caso de la ética, a diferencia del derecho, la condena de la mentira no atiende primariamente a los daños objetivos que pudieran derivarse de ella para los otros, ni siquiera a los daños exteriores que pudiera sufrir la propia persona que miente, como, por ejemplo, la pérdida de su honra ante los demás. Lo que cuenta aquí como fundamento de la condena de la mentira es, más bien, el solo hecho de que dejar de lado la veracidad a la hora de comunicar los propios pensamientos, para generar una falsa apariencia, constituye una suerte de renuncia a la propia personalidad (*Verzichttuung auf seine Persönlichkeit*), en la misma medida en que se persigue así un objetivo que se opone a la finalidad natural (*natürliche Zweckmäßigkeit*) de la propia capacidad comunicativa (*Vermögen der Mitteilung*) que distingue al agente humano como ser racional (cf. p. 429). Por lo mismo, la máxima correspondiente no podría ser considerada como moralmente apta, puesto que no podría superar el correspondiente procedimiento de nomologización. Ahora bien, y éste es el punto que aquí interesa de modo más inmediato, tampoco es diferente el caso de la mentira, allí donde ésta tiene un carácter puramente interior (*innere Lüge*), y ello, por la sencilla razón de que la falta de veracidad para consigo mismo también debe verse como un modo de trato con la propia humanidad que resulta moralmente inadmisible, en la medida en que la reduce a la condición de un simple instrumento: el ser moral (*homo noumenon*) no puede valerse de sí mismo, en tanto ser físico (*homo phaenomenon*), como un mero medio (*als bloßes Mittel*), en este caso particular, como una suerte de "máquina lingüística" (*Sprachmaschine*) que ya no estuviera vinculada ella misma al objetivo interno (*innerer Zweck*) de la comunicación del pensamiento (*Gedankenmitteilung*). También en el foro interno

---

37 Para una muy buena discusión, que enfatiza la conexión con el deber de autoconocimiento y el fenómeno del autoengaño, véase de Haro Romo (2015) p. 234 ss. Véase también Papish (2018) p. 69 ss.

el ser humano está, pues, obligado (*verpflichtet*) a la concordancia (*Übereinstimmung*) entre lo que piensa y lo que se dice a sí mismo, vale decir: está obligado a la veracidad ante sí mismo (cf. p. 430). El punto se comprende en su verdadero alcance, cuando se pone en la cuenta el hecho de que la deslealtad (*Unredlichkeit*), como falta de veracidad en la expresión, allí donde tiene lugar ante uno mismo, no es más que un caso de falta de escrupulosidad en una materia que concierne a la “conciencia moral[G]” (*Ermangelung an Gewissenhaftigkeit*), ya que constituye una falta de sinceridad (*Lauterkeit*) de lo que uno confiesa (*Bekenntnis*) ante su propio juez interior (*vor seinem inneren Richter*), el cual, como se vio ya, debe ser pensado a la vez, y necesariamente, como una persona diferente de uno mismo (cf. p. 430).

A partir del contraste con el caso de la mentira interior, se entiende mejor el fuerte énfasis que Kant hace recaer en las consecuencias positivas que posee, desde el punto de vista subjetivo, el genuino autoconocimiento moral. Kant señala aquí tres consecuencias fundamentales, que están en línea con su concepción general relativa al efecto positivo que tiene la sana autohumillación que mantiene a raya las pretensiones injustificadas del amor propio, en el sentido del egoísmo. En primer lugar, el autoconocimiento moral destierra el “exaltado desprecio” (*schwärmerische Verachtung*) de sí mismo como ser humano y, con ello, el de la especie humana entera, puesto que este último incurre en contradicción consigo mismo (*widerspricht sich selbst*). En efecto, es únicamente en virtud de la disposición al bien (*Anlage zum Guten*) presente en nosotros, que hace digno de respeto (*achtungswürdig*) al ser humano, como podemos encontrar digno de desprecio (*verachtungswürdig*) a quien obra en contra de esa misma disposición, incluso si somos nosotros mismos, pero nunca, en cambio, a la humanidad en sí misma (*Menschheit in sich*). Además, el autoconocimiento moral opone resistencia al aprecio de sí mismo basado en el amor propio (*eigenliebige Selbstschätzung*), que consiste en tomar como pruebas de “buen corazón” (*gutes Herz*) meros deseos que no se traducen en acciones, por muy vehementes que puedan ser, tal como ocurre ocasionalmente, por ejemplo, con los deseos que se declara interiormente ante Dios en la oración. Por último, del deber primero de autoconocimiento, en el sentido propiamente moral del término, se derivan de modo inmediato (*unmittelbar*) también otros deberes frente a uno mismo, tales como el deber de imparcialidad (*Unparteilichkeit*) en el enjuiciamiento (*Beurteilung*) de sí mismo por medio de la comparación (*Vergleichung*) con la ley, y el deber de franqueza (*Aufrichtigkeit*) al reconocer ante uno mismo (*Selbtsgeständnis*) el propio valor moral interno (*innerer moralischer Wert*) o la propia carencia de tal valor (*Unwert*) (cf. § 15 p. 441 s.).

4.5. Excurso: Autoconocimiento y crítica de la razón

La amplia problemática vinculada con la noción de autoconocimiento no queda restringida en modo alguno, en el marco del pensamiento kantiano, al tratamiento del autoconocimiento moral, tal como Kant lo lleva a cabo en *Tugendlehre*, en conexión con el análisis de la operación de la "conciencia moral[G]". Hay, como nadie ignora, toda otra gama de aspectos del pensamiento kantiano en los cuales consideraciones referidas a diversos posibles modos del conocimiento de sí juegan un papel importante y, en ocasiones, incluso central. La investigación especializada ha prestado atención desde siempre a esos diversos aspectos, por la sencilla razón de que resultan, en no pocos casos, decisivos, a la hora de comprender el verdadero alcance de las posiciones elaboradas por Kant en diferentes áreas de su pensamiento. No es posible ni necesario pasar revista aquí, siquiera a modo de mero sumario, a este variado conjunto de temas y problemas. A modo de cierre del breve tratamiento del deber de autoconocimiento ofrecido arriba, bastará con llamar la atención brevemente sobre unos pocos aspectos que conciernen, de modo específico, a la proyección que tiene la problemática avistada aquí por Kant, también a la hora de dar cuenta de la necesidad, el alcance y el objetivo del programa crítico que él mismo presenta como preámbulo imprescindible, desde el punto de vista metódico, para el desarrollo de un sistema de la filosofía trascendental.

Poner de relieve estos aspectos permite advertir en qué medida el enjuiciamiento crítico de la capacidad de la razón para proporcionar conocimiento apriorístico a través de su uso meramente teórico-especulativo, tal como Kant lo lleva a cabo en *KrV*, constituye a la vez, justamente en tanto preámbulo metódico imprescindible, también un intento por dar cumplimiento a un deber ineludible que la conciencia filosófica no puede simplemente ignorar, sin incurrir en grave omisión culposa. En efecto, la crítica de su propia capacidad cognoscitiva que la razón ha de llevar a cabo, no es, en definitiva, sino un modo peculiar de autoexamen y autoenjuiciamiento, que forma parte imprescindible del autoconocimiento de la razón. Por eso mismo debe verse, a la vez, como un deber al que queda sometido inexcusablemente todo aquel que quiera valerse de la razón, en su uso puramente teórico-especulativo, del modo peculiar en que pretende hacerlo desde siempre la filosofía. Veamos, pues, brevemente los pasajes más relevantes.

4.5.1. La crítica como tribunal de la razón

En el "Prefacio" a la primera edición de *KrV*, Kant comienza con una famosa constatación referida a lo que denomina "el peculiar destino" (*das besondere Schicksal*) que signa a la razón humana en una determinada especie de sus conocimientos: se ve acosada (*belästigt*) por preguntas que no puede evitar, puesto que vienen motivadas por la misma naturaleza de la razón, pero que tampoco puede responder, al menos, no del modo en que, en principio, quisiera hacerlo, porque sobrepasan toda la capacidad de la razón humana. Se trata de una situación embarazosa (*Verlegenheit*) a la que la razón humana se ve llevada sin culpa alguna de su parte (*ohne ihre Schuld*) (cf. A VII): es el despliegue de su propia capacidad de ascender en la serie de condiciones, en búsqueda de lo incondicionado, el que la lleva necesariamente a remontarse más allá del ámbito de la experiencia posible y a acudir así a principios trascendentes que, a primera vista, parecerían estar libres de toda sospecha, al punto de que incluso la razón humana común (*die gemeine Menschenvernunft*) está de acuerdo con ellos. Sin embargo, una vez que ha dado este paso más allá del ámbito de lo sensible, muy pronto se ve envuelta en oscuridad (*Dunkelheit*) y contradicciones (*Widersprüche*) (cf. A VII s.). Asume entonces que en algún momento ha debido incurrir inadvertidamente en errores que debería intentar descubrir, pero se ve incapaz de lograrlo, justamente, porque, en la medida en que se vale de principios trascendentes, ya no puede acudir a la experiencia como piedra de toque (*Probierstein*) (cf. A VIII). El intento empecinado por lograr superar estas dificultades, que delatan una imposibilidad de principio, y por lograr obtener conocimiento (*Erkenntnis*), en el sentido más exigente del término que corresponde a lo que habitualmente se llama "ciencia" (*Wissenschaft*), da lugar aquí a ese singular "campo de batalla de disputas sin término" (*Kampfplatz dieser endlosen Streitigkeiten*) entre escuelas enfrentadas de modo irreconciliable, que se designa con el nombre de metafísica (cf. A VIII). El resultado final del triste espectáculo que ofrece esta confrontación sin término no es sino la indiferencia de parte del público, pero no frente al asunto mismo, que, por su objeto, jamás puede serle indiferente a la naturaleza humana, sino, más bien, frente a quienes se esfuerzan por presentarse como representantes de una ciencia que, finalmente, no parece ser tal. Por lo mismo, tal indiferencia generalizada debe verse como una actitud que merece cierta indulgencia, porque, más que de falta de reflexión (*Leichtsinn*), parece ser efecto de la madurez que ha alcanzado la época en el uso de la facultad del juicio (*die gereifte Urteilskraft des Zeitalters*), en virtud de la cual ya no se da por satisfecha con el mero saber aparente (*Scheinwissen*) (cf. A X s.).

Como se echa de ver, el aspecto crítico que contiene el diagnóstico elaborado por Kant no concierne aquí, en modo alguno, a la tendencia natural de la razón humana a elevarse hacia lo incondicionado, la así llamada *metahysica naturalis* (cf. B 21), ni tampoco siquiera al peculiar destino que la propia razón debe afrontar en virtud de esa misma tendencia, esto es, el de verse acosada por preguntas que no puede responder del modo en que más le gustaría hacerlo, es decir, a través del desarrollo de un saber que reuniera las condiciones de rigor y precisión propias de una ciencia, tal como lo hacen otras ciencias, por caso, la matemática y la física. El reproche kantiano concierne aquí exclusivamente al empecinamiento dogmático que lleva a reiterar ciegamente, una y otra vez, el mismo tipo intento fallido a modo de mera construcción especulativa, sin tomar en cuenta la lección que proporciona la experiencia histórica de un fracaso repetido *ad nauseam* ni prestar debida atención a las dudas más que razonables sobre su viabilidad derivadas de dicha experiencia y, por tanto, sin preguntarse tampoco por las razones específicas que pudieran explicar, ya en el plano estrictamente metódico, un fracaso tan estruendoso. Se trata, pues, en este caso de una omisión inadmisible para un saber como la filosofía, que pretende encarnar de modo ejemplar las exigencias de la conciencia crítica.

Es, precisamente, la advertencia de esta situación, en la cual la filosofía misma está en deuda con su propia idea, la que plantea, a juicio de Kant, la exigencia (*Aufforderung*) de que la razón se haga cargo nuevamente de la más difícil de sus tareas (*das beschwerlichste aller ihrer Geschäfte*), que no es otra que la del autoconocimiento (*Selbsterkenntnis*). Más precisamente, se trata de instituir a tal efecto un tribunal (*Gerichtshof*) que pueda decidir de modo vinculante sobre las justas reclamaciones (*gerechte Ansprüche*) de la razón y también sobre sus presunciones carentes de todo fundamento (*grundlose Anmaßungen*), y ello no a través de meros decretos de poder (*durch Machtsprüche*), sino según las leyes eternas e inmutables de la propia razón (*nach ihren ewigen und unwaldenbaren Gesetzen*). Tal tribunal, en el cual la razón se somete a sí misma a examen y enjuiciamiento, no es otro que el de la propia crítica de la razón pura (A XI). Como Kant señala expresamente, el camino que emprende la crítica, con el fin de desactivar la engañosa ilusión (*Blendwerk*) resultante del malentendido y la confusión, debe verse, sin más, como "el deber de la filosofía" (*die Pflicht der Philosophie*) (cf. A XIII; véase también A 703 / B 731). Se trata aquí de un deber que está él mismo en línea con el objetivo (*Absicht*) que le prescribe a la razón humana su propia "destinación natural" (*Naturbestimmung*) (cf. A XIII).

4.5.2. El carácter socrático del programa crítico

En el "Prefacio" a la segunda edición de *KrV*, Kant abunda en este mismo diagnóstico y enfatiza incluso con mayor nitidez el alcance práctico-moral del programa crítico, en un sentido específico que pone de relieve su orientación básica de carácter genuinamente socrático. Kant comienza aquí con una referencia al estado en el que se encuentran las diferentes ciencias, más precisamente, la lógica, la matemática, la física y la metafísica (B VIII-XVI), con la intención de poner de manifiesto que esta última no ha logrado aún, en rigor, constituirse como ciencia, en el sentido propio del término: a diferencia de las demás ciencias, la metafísica no ha alcanzado todavía, para decirlo con la famosa expresión de Kant, "el seguro andar de una ciencia" (*der sichere Gang einer Wissenschaft*). La razón reside, piensa Kant, en el hecho de que la metafísica no logró aún llevar a cabo una revolución metódica análoga a la que permitió el establecimiento definitivo de las otras ciencias, en particular: la matemática, con el descubrimiento del método de prueba por construcción, ya en la Grecia clásica (Tales de Mileto, supuestamente), y la física, con el descubrimiento y el desarrollo del método experimental, a partir del Renacimiento (Francis Bacon, Galileo, Torricelli, etc.).

En el caso de la metafísica, la revolución metódica que Kant tiene aquí en vista, y que describe como una suerte de "giro copernicano", consiste en la adopción del punto de vista que caracteriza de modo específico a la propia filosofía trascendental, en la medida en que pretende dar cuenta de las condiciones de posibilidad del conocimiento, en sus diferentes posibles formas (cf. B XVI ss.). En tal sentido, el "conocimiento trascendental" (*transzendentale Erkenntnis*), que es el que la propia filosofía trascendental espera poder obtener por medio de la crítica de la razón, representa una forma específica de conocimiento, que se ocupa no tanto de los objetos mismos, sino, más bien, de nuestro modo de conocerlos, en tanto éste ha de ser posible *a priori* (cf. B 25). Por lo mismo, como Kant señala expresamente, lo que se desarrolla en *KrV* no pretende ser, en modo alguno, un sistema filosófico, ni siquiera el sistema propio de una filosofía trascendental, como la que él mismo tiene en vista como objetivo final de su concepción. Lo que se ofrece en la obra debe verse, más bien, únicamente como un "tratado del método" (*Traktat der Methode*) (cf. B XXI), ya que, a través de la elucidación de las condiciones de posibilidad de la experiencia y el conocimiento de objetos, la reflexión que conduce a la obtención de conocimiento trascendental, en el sentido antes indicado, permite determinar no sólo las condiciones bajo las cuales únicamente resulta posible obtener conocimiento *a priori*, sino también, al mismo tiempo, el modo en que se debe proceder, allí donde se pretende obtenerlo.

Ahora bien, el resultado de la crítica kantiana de la razón en su uso teórico-especulativo posee, como se sabe, un carácter, por así decir, dual. En efecto, la crítica trae consigo, por un lado, un estrechamiento del espacio abierto al genuino conocimiento de objetos, que lo restringe al ámbito de la experiencia posible para el ser humano, y, por otro lado, una correlativa ampliación del ámbito de despliegue de la razón en su uso práctico, en la medida en que legitima su pretensión de adoptar un punto de vista que se sitúa, desde el comienzo, más allá de toda experiencia posible y apunta así a un orden suprasensible de cosas, de carácter necesariamente trascendente (Dios, libertad, inmortalidad del alma) (cf. B XXIV-XXX). Kant resume el alcance de este doble resultado por medio de una fórmula que impacta por su pregnancia. Con referencia al orden de lo suprasensible, dice Kant en tal sentido: “tuve que suprimir (*aufheben*) el saber (*Wissen*) para hacer lugar a la creencia (*Glauben*)” (cf. B XXX). Aquí la noción de creencia (fe) debe tomarse en el sentido preciso de aquel modo específico del “dar por verdadero” (*Fürwahrhalten*) que se funda en el uso práctico de la razón, al que Kant denomina también como “creencia (fe) moral” (*moralischer Glaube*) o bien “creencia (fe) racional” (*Vernunftglaube*) (cf. A 828-830 / B 856-858).

Como se echa de ver, es el aspecto negativo de la crítica, referido al reconocimiento de la inevitable limitación del conocimiento humano, el que, a juicio de Kant, queda al servicio de su aspecto positivo, que concierne a la posibilidad de reservar un espacio propio de legitimidad para la creencia (fe) racional, y no viceversa. Quien a través de la reflexión crítica toma debida nota de esta particular situación cuenta, por ello mismo, en el plano epistémico con lo que se puede llamar una “ventaja socrática”. Ésta consiste en el peculiar tipo de superioridad que otorga el sincero reconocimiento de la propia ignorancia, frente a la arrogante pretensión de saber que termina revelándose finalmente como una mera máscara, que cubre de modo precario la más profunda ignorancia: la de quien cree saber algo, sin saberlo realmente. En tal sentido, Kant explica que la utilidad de la crítica, que ciertamente no es meramente negativa sino que sirve también para el aprendizaje de diferentes ciencias, se comprende de modo cabal: “sobre todo, cuando se toma en consideración la inestimable ventaja (*der unschätzbare Vorteil*) de poner fin para todo tiempo futuro a todas las objeciones (*Einwürfe*) contra la moralidad y la religión, de modo *socrático* (*auf* sokratische *Art*), es decir, a través de la clara prueba de la ignorancia del adversario" (cf. B XXXI, subrayado de Kant). En tal sentido, la crítica de la razón en su uso teórico-especulativo, que no es sino una "crítica del órgano" (*Kritik des Organs*) del conocimiento (cf. B XXXVI), constituye ella misma una condición imprescindible para el adecuado empleo de la razón, también allí, y especialmente allí, donde se pretende poder atacar con argumentos meramente aparentes los fundamentos mismos de la creencia moral racional. Desde el punto de vista que atiende a la capacidad natural de la propia razón, tal creencia moral racional es la más sólida que jamás se pudiera llegar a poseer. Por lo mismo, la crítica representa ella misma una obligación inexcusable, muy especialmente, para todo aquel que pretenda asumir como propia la tarea de la filosofía.

4.5.3. Método e interés práctico de la razón

La utilidad que posee la crítica se refleja, de modo directo, en la concepción que Kant presenta en la "Doctrina trascendental del método" de *KrV*. La concepción metódica allí esbozada se apoya en la distinción básica entre lo que Kant denomina una "disciplina" (*Disziplin*) y un "canon" (*Kanon*) de la razón pura, que corresponden, respectivamente, al aspecto negativo o limitativo y el aspecto positivo o posibilitante del resultado alcanzado por medio de la crítica de la razón en su uso teórico-especulativo. El desarrollo llevado a cabo con arreglo a esa distinción recapitula toda una serie de criterios imprescindibles a los que se ha de atender en todo momento, si es que se espera poder evitar recaer en el tipo específico de error e ilusión en el que la propia razón se precipita necesariamente, allí donde pretende aventurarse dogmáticamente, por medio de su uso puramente teórico-especulativo, más allá del ámbito de la experiencia posible. Tal tipo de error e ilusión corresponde, como nadie ignora, a lo que Kant llama la "apariencia trascendental" (*transzendentaler Schein*), que es el asunto principal del que trata, con lujo de detalles, la amplia sección de *KrV* dedicada a la llamada "Dialéctica trascendental".

Así pues, bajo "disciplina" se entiende aquí la coacción (*Zwang*) por medio de la cual primero se sujeta y finalmente se erradica una propensión persistente (*beständiger Hang*) a apartarse de determinadas reglas (cf. A 709 / B 738). En este contexto, y a modo de remedio que opera a través de la toma de conciencia, Kant pone de manifiesto el error metódico que subyace a la metafísica dogmática que tiene en vista la crítica. Dicho error consiste en haber adoptado, sin cerciorarse previamente de su aplicabilidad en el ámbito de la especulación sobre lo suprasensible, el modo de procedimiento propio de la matemática e intentar proceder así de un modo pretendidamente constructivo, en un ámbito dentro del cual tal modo de proceder resulta imposible, justamente, porque se carece de toda base intuitiva en la que pudiera apoyarse (cf. A 713-738 / B 741-766).

Por su parte, bajo un "canon" de la razón pura se debe entender el conjunto (*Inbegriff*) de principios (*Grundsätze*) *a priori* a los que ha de atenerse el uso correcto (*der richtige Gebrauch*) de determinadas facultades de conocimiento (*Erkenntnisvermögen*), en general (cf. A 796 / B 824). Retomando lo que ya había señalado desde un comienzo, Kant pone de relieve aquí la primacía del interés práctico de la razón, en la medida en que provee el objetivo último (*Endabsicht*) al que apunta también su uso puramente teórico-especulativo. Tal objetivo último, que la propia razón tiene siempre en vista como su norte, no es otro que el demarcado por los tres "objetos" (*Gegenstände*) suprasensibles que Kant considera fundamentales e ineliminables, como punto de referencia último de toda posible comprensión racional del mundo, a saber: la libertad de la voluntad (*Freiheit des Willens*), la inmortalidad del alma (*Unsterblichkeit der Seele*) y la existencia de Dios (*Dasein Gottes*) (cf. A 798 / B 826). Dado que la crítica ha puesto de manifiesto que el conocimiento, en el sentido más propio del término, queda restringido al ámbito de la experiencia posible para el ser humano, se sigue que no puede haber propiamente un "canon" del uso teórico-especulativo de la razón con referencia a los objetos suprasensibles, y ello, por la sencilla razón de que tal uso sólo puede ser él mismo un uso dogmático, que tiene, como tal, un carácter completamente dialéctico (cf. A 796-797 / B 824-825). El conjunto de reglas positivas que pretende proporcionar el "canon" de la razón pura debe apuntar, por tanto, a un objetivo más modesto, situado en el plano que corresponde a la reflexión sobre los diferentes modos del "dar por verdadero" a los que, en cada caso, puede y debe aspirar la razón, en sus diferentes posibles usos. Tal objetivo está en directa conexión con la "ventaja socrática" que proporciona el principio crítico de la necesaria limitación del saber, con el fin de preservar el espacio de legitimidad que pertenece a la creencia moral racional, y consiste en la tarea de reconstruir de modo temático los fundamentos en los que deben apoyarse los diferentes posibles modos del "dar por verdadero", tales como la "opinión" (*Meinen*), el "saber" (*Wissen*) y la creencia (*Glauben*). En efecto, éste es el único modo posible de reforzar la lucidez reflexiva que debe acompañar el uso libre y, por tanto, responsable de nuestras facultades cognoscitivas. Así, la exigencia de autolimitación resultante de la crítica, en tanto opuesta a toda vana arrogancia epistémica, debe verse también aquí como una expresión de respeto frente a aquello que, por representar a modo de ideal el "bien supremo" (*das höchste Gut*), concentra en sí, en último término, todo el interés de la razón humana.

A modo de conclusión

Como se ha podido comprobar, espero, la temática vinculada con la naturaleza, las funciones y el modo de operación de la "conciencia moral[G]" tiene en el pensamiento Kant una centralidad y una recurrencia, a través de un largo periodo de evolución filosófica, que la ausencia de un tratamiento independiente y el carácter mas bien disperso de los desarrollos contenidos en el *corpus* no permitirían advertir, ni mucho menos ponderar adecuadamente, a primera vista. Con su reconocimiento de la decisiva importancia y de la asombrosa peculiaridad de la "conciencia moral[G]", como capacidad que hace posible el enjuiciamiento moral de las propias acciones por parte del agente individual, Kant se une, de hecho, a una larga y profusa tradición, tanto religiosa como teológica y también estrictamente filosófica. En su propia concepción, Kant busca expresamente hacer justicia a algunos de los rasgos principales puestos de relieve, de diversos modos, por numerosos representantes de la corriente principal de esa misma tradición. Sin embargo, ello no le impide poner a prueba, una y otra vez, la adecuación fenomenológica, la precisión conceptual y la consistencia interna de las concepciones heredadas a partir de las cuales se orienta inicialmente, a todo lo largo de un intrincado proceso de vuelta crítico-reflexiva sobre los propios puntos de partida, que, en ocasiones, trae consigo también la reconsideración de posiciones adoptadas previamente.

Si hubiera que caracterizar la dinámica interna que se despliega en dicho proceso, considerado como un todo y a la luz del resultado al que conduce finalmente, habría que decir probablemente que lo que se tiene aquí es un esfuerzo, tenazmente sostenido, que apunta al objetivo final de situar en el lugar adecuado esa singularísima capacidad que se conoce bajo el nombre de la "conciencia moral[G]", dentro del marco más amplio provisto por una teoría de las facultades que hace justicia a las exigencias propias de la filosofía crítica, pero sin sacrificar por ello los aspectos centrales relevados por el análisis del fenómeno, a lo largo de toda una historia precedente. Como se vio, algunos elementos adoptados en un primer momento se dejan posteriormente de lado, pero sin dejar de atender jamás a la necesidad de hacer justicia, de un modo diferente, a las mismas razones que habían llevado a adoptarlos. Tal es el caso, por ejemplo, con la adopción inicial de la caracterización de la "conciencia moral[G]" en términos de la noción de instinto / impulso, o bien con la aceptación transitoria del modo tradicional de hablar que remite a la existencia de algo así como una "conciencia moral[G]" que fuera ella misma errónea. Inversamente, el nuevo marco de tratamiento provisto por la teoría de las facultades que el propio Kant elabora en su filosofía crítica no sólo permite retener toda una gama de elementos presentes ya en concepciones precedentes, sino que, en determinados casos, permite incluso afianzar la vigencia de algunos de ellos, y conferirles un nuevo y mayor alcance. Tal es el caso, ante todo, con la caracterización de la "conciencia moral[G]" por medio de la representación del tribunal interior. En efecto, se tiene aquí un motivo que está en perfecta sintonía con el modo en el que Kant se representa, en general, la función legisladora de la razón y, sobre todo, también con el modo en el cual, sobre esa misma base, tematiza las funciones fundamentales de la facultad del juicio. En particular, la elaboración de una concepción de conjunto relativa al papel que desempeña la función reflexiva de la facultad del juicio, esbozada ya de modo disperso desde *KrV* y desarrollada sistemáticamente en *KU*, provee aquí toda una gama de nuevas posibilidades, a la hora de hacer justicia, también en sede específicamente moral, al papel decisivo de la reflexión y su vinculación con el ámbito del sentimiento. Tan central es la importancia que reviste en el análisis kantiano de la "conciencia moral[G]" la orientación a partir de la idea del tribunal interior, que no falta quien ha querido ver en ella uno de los rasgos principales que acreditan su genuina raigambre fenomenológica: con su representación del tribunal interior Kant habría dado con el modo más propicio para hacer justicia, en el plano fenomenológico, a la estructura singularísima del fenómeno conocido vulgarmente como la "voz (*Stimme*) de la conciencia (moral[G])".[1] Esta última sugerencia es, cuando menos, altamente cuestionable. Así lo muestra el hecho de que alguno de los intentos más radicales por asegurar en el plano del análisis fenomenológico lo que en el plano de la experiencia pre-reflexiva se anuncia en el fenómeno del "llamado (*Ruf*) de la "conciencia (moral[G])" pone en el centro mismo de su crítica a la concepción kantiana justamente su persistencia en la orientación básica a partir de una representación que, como la del tribunal interior, no parece poder ser acreditada fenomenológicamente.[2] Pero, en cualquier caso, lo que en el plano de la interpretación no puede ser puesto seriamente en duda es el hecho elemental de que la representación del tribunal interior, en el caso concreto de Kant, adquiere un realce particularmente marcado, sobre todo, en razón de la congruencia de base que mantiene con aspectos fundamentales del diseño de la teoría de las facultades en la que se apoya su filosofía crítica.

Un último aspecto que importa recalcar concierne al estrecho vínculo que la problemática de la "conciencia moral[G]" mantiene con la motivación central del programa crítico, como un todo. En efecto, este último da expresión a una exigencia de aseguramiento de carácter más general, cuyas raíces motivacionales últimas no pueden buscarse sino en la esfera propiamente moral, por la sencilla razón de que el empleo de nuestras capacidades cognoscitivas, en lo que tiene de libre, queda sujeto él mismo a severas exigencias de responsabilidad. El programa crítico kantiano puede verse, desde este ángulo, como un intento de incomparable lucidez, y ejemplar por su vocación socrática de autotransparencia, por dar cumplimiento en el plano de la reflexión filosófica a tales exigencias de responsabilidad. Desde el punto de vista que atiende a su contexto histórico de pertenencia, la concepción

1 En tal sentido, véase Schmidt – Schönecker (2017) esp. p. 115, 120 s.

2 Tal es, en efecto, el sentido de la crítica de Heidegger al empleo kantiano de la representación del tribunal interior, como hilo conductor metódico del análisis de la "conciencia moral[G]". Véase Heidegger (1927) § 51 p. 271; § 59 p. 293.

kantiana queda adscripta desde un comienzo, como nadie ignora, al ideario ilustrado del que se nutre la epistemología de la certeza característica de la Modernidad. Tal ideario dio lugar a lo que con una feliz expresión H.-G. Gadamer designó alguna vez como una cierta "moral del método" (*Moral der Methode*), que prefiere dar pasos pequeños, por modestos que resulten, con tal de que sean absolutamente seguros y controlables.[3] Paradójicamente, la posterior experiencia histórica permitió advertir, con aleccionadora claridad, que a través de una lógica del aseguramiento, que en su afán unilateral de radicalización no quedara sujeta ella misma al contrapeso de ninguna forma de balance prudencial, se puede llegar fácilmente a excesos al menos tan nocivos, aunque de signo opuesto, como los que se pretendía evitar recurriendo a ella. Con su particular modo de intentar dar cumplimiento a las exigencias que plantea una genuina "moral del método", Kant logra situarse, dentro de las condiciones que le impone su propio tiempo, en una posición de delicado equilibrio, que busca evitar una recaída en la engañosa simplicidad del dogmatismo, ya sea de carácter especulativo o bien de carácter reduccionista. Por lo mismo, que ese delicado equilibrio no se haya podido conservar por largo tiempo nada dice en contra de su inusual grandeza. En cierto modo, más bien, la confirma.

3 Véase Gadamer (1989) p. 200.

Referencias

1. Obras de I. Kant

Grundlegung	*Grundlegung zur Metaphysik der Sitten* (1785, [2]1786), ed. B. Kraft – D. Schönecker, Hamburg 1999; citado según la paginación de *Akademie-Ausgabe*, vol. IV, Berlín 1911, p. 386-463 (ed. P. Menzer).
GSE	*Bemerkungen über das Gefühl des Schönen und Erhabenen* (1764), *Akademie-Ausgabe*, vol. II, Berlín 1905, p. 205-256 (ed. P. Menzer).
Jäsche Logik	*Logik. Ein Handbuch zu Vorlesungen* (1800), ed. G. B. Jäsche, *Akademie-Ausgabe*, vol. IX, Berlín – Leipzig 1923, p. 1-150 (ed. M. Heinze).
KpV	*Kritik der praktischen Vernunft* (1788), ed. K. Vorländer con una bibliografía de H. F. Klemme, Hamburg [10]1990; citado según la paginación de la *Akademie-Ausgabe*, vol. V, Berlin [2]1913, p. 1-163 (ed. P. Natorp).
KrV	*Kritik der reinen Vernunft* ([2]1787, 1781), ed. J. Timmermann – H. Klemme, Hamburgo, 1998.
KU	*Kritik der Urteilskraft* (1790), ed. H. F. Klemme con notas de P. Giordanetti, Hamburg 2001; citado según la paginación de *Akademie-Ausgabe*, vol. V, Berlín [2]1913, pp. 165-485 (ed. W. Windelband).

MdS	*Metaphysik der Sitten* (1797), ed. B. Ludwig, Hamburg 1990; citado según la paginación de *Akademie-Ausgabe*, vol. VI, p. 203-493, Berlín 1914 (ed. P. Natorp).
MdS Vigilantius	*Metaphysik der Sitten Vigilantius* (1793-1794), *Akademie-Ausgabe*, vol. XXVII/2.1, Berlín 1975, p. 475-732 (ed. G. Lehmann).
MpVT	"Über das Mißlingen aller philosophischen Versuche in der Theodicee" (1791), *Akademie-Ausgabe*, vol. VIII, Berlín 1928, p. 253-271 (ed. H. Maier).
MPh Collins	*Moralphilosophie Collins* (1784-1785), en: *Akademie-Ausgabe*, vol. XXVII/1, Berlín 1974, p. 237-473 (ed. G. Lehmann).
PPh Powalski	*Praktische Philosophie Powalski* (1777?), *Akademie-Ausgabe*, vol. XXVII/1, Berlín 1975, p. 91-235 (ed. G. Lehmann).
Rechtslehre	*Metaphysische Anfangsgründe der Rechtslehre* (1797), *Metaphysik der Sitten, Erster Teil*, ed. B. Ludwig, Hamburg [2]1998; citado según la paginación de *Akademie-Ausgabe*, vol. VI, Berlín 1914, p. 203-372 (ed. P. Natorp).
Religion	*Die Religion innerhalb der Grenzen der bloßen Vernunft* (1793), ed. B. Stangneth, Hamburg 2003; citado según la paginación de *Akademie-Ausgabe*, vol. VI, Berlín 1914, p. 1-202 (ed. G. Wobbermin).
RM	*Von den verschiedenen Racen der Menschen* (1775), *Vorkritische Schriften II (1757-1777)*, *Akademie-Ausgabe*, vol. II, Berlín 1905, p. 427-443 (ed. M. Köhler).
Tugendlehre	*Metaphysische Anfangsgründe der Tugendlehre* (1797), *Metaphysik der Sitten, Zweiter Teil*, ed. B. Ludwig, Hamburg 1990; citado según la paginación de *Akademie-Ausgabe*, vol. VI, p. 373-493, Berlín 1914 (ed. P. Natorp).
VE	*Eine Vorlesung Kants über Ethik*, ed. P. Menzer, Berlín 1924.
Verkündigung	"Verkündigung des nahen Abschlusses eines Tractats zum ewigen Frieden in der Philosophie" (1796), *Akademie-Ausgabe*, vol. VIII, p. 411-422, Berlín 1923 (ed. H. Maier).
VM	*Vorlesung zur Moralphilosopie* (1774-1775), ed. W. Stark con una introducción de M. Kühn, Berlín – Nueva York 2004.

2. Obras de otros filósofos modernos

A. G. Baumgarten

EPh — *Ethica philosophica*, Halle 1763 (1740, 1751); reproducido en: I. Kant, *Akademie-Ausgabe*, vol. XXVIII/2.1, ed. G. Lehmann, Berlin 1968, p. 871-1028.

IPhP — *Initia philosophiae practicae primae*, Halle 1760; reproducido en: I. Kant, *Akademie-Ausgabe*, vol. XIX, ed. F. Berger, Berlín 1934, p. 5-91.

C. A. Crusius

Anweisung — *Anweisung vernünftig zu leben* (1744, 1767), en: *Die philosophischen Hauptwerke*, vol. 1, ed. G. Tonelli, Hildesheim – Zürich – Nueva York, 1999.

J. G. Fichte

Sittenlehre — *Das System der Sittenlehre nach den Prinzipien der Wissenschaftslehre* (1798), ed. F. Medicus – H. Verweyen, Hamburg 1995; edición crítica: *Gesamtausgabe*, vol. I/5, ed. R. Lauth – H. Gliwitzky, Stuttgart – Bad Cannstatt, 1977, p. 19-317.

J. G. Hamann

ChE — "Chimärische Einfälle über den zehnten Theil der Briefe die Neueste Litteratur betreffend" (1762), en *Sämtliche Werke. Historisch-Kritische Ausgabe*, ed. J. Nadler, vol. 2, Wien, 1950, p. 157-165.

G. W. F. Hegel

PhG — *Phänomenologie des Geistes* (1807), *Gesammelte Werke*, vol. 9, ed. W. Bonsiepen – R. Heede, Hamburgo, 1980.

J.-J. Rousseau

Émile — *Emile ou De l'éducation* (1762), en: *Oeuvres complètes*, ed. B. Gagnebin – M. Raymond, vol. IV: *Émile. Éducation – Morale – Botanique*, París, 1969, p. 239-877 (ed. Ch. Witz – P. Burgelin).

3. Bibliografía secundaria

Allison, H. E. (1990), *Kant's Theory of Freedom*, Cambridge, 1990.

Bacin, S. – Ferrarin, A. – La Rocca, C. – Ruffing, M. (eds.) (2013), *Kant und die Philosophie in weltbürgerlicher Absicht. Akten des XI. Internationalen Kant-Kongresses*, Bd. 3, Berlín – Boston, 2013.

Baum, M. (2014), "Kant über die Empfänglichkeit des Gemüts für Pflichtbegriffe überhaupt", en: Römer (2014) p. 101-116.

Bilbeny, N. (1994), *Kant y el tribunal de la conciencia*, Barcelona, 1994.

Borges, M. d. L. (2012), *Razâo e emoçâo em Kant*, Pelotas, 2012.

Bormann, F.-J. – Wetzstein, V. (eds.) (2014), *Gewissen. Dimensionen eines Grundbegriffs medizinischer Ethik*, Berlín – Boston, 2014.

Brezina, F. E. (1999), *Die Achtung. Ethik und Moral der Achtung und der Unterwerfung bei Immanuel Kant, Ernst Tugendhat, Ursula Wolf und Peter Singer*, Frankfurt a. M., 1999.

Class, M. (1964), *Gewissensregungen in der griechischen Tragödie*, Hildesheim, 1964.

Di Giulio, S. – Frigo, A. (eds.) (2020), *Kasuistik und Theorie des Gewissens. Von Pascal bis Kant. Akten der Kant-Pascal-Tagung in Tübingen,* 12.–14. April 2018, Berlín – Nueva York, 2020.

Ebbinghaus, J. (1959), "Die Formeln des kategorischen Imperativs und die Ableitung inhaltlich bestimmter Pflichten" (1959), en: Ebbinghaus (1968) p. 140-160; nueva reproducción en: Ebbinghaus (1988) p. 209-230.

——— (1968), *Gesammelte Aufsätze, Vorträge und Reden*, Hildesheim, 1968.

——— (1988), *Philosophie der Freiheit. Praktische Philosophie 1955-1972, Gesammelte Schriften*, Bd. 2, ed. G. Geismann – H. Oberer, Bonn, 1988.

Enskat, R. (2001), "Autonomie und Humatität. Wie kategorische Imperative die Urteilskraft orientieren", en: Enskat (2018) p. 51-94.

——— (2010), "Ist die Moral strukturell rational? Die kantische Antwort", en: Enskat (2018) p. 238-261.

——— (2018), *Vernunft und Urteilskraft. Kant und die kognitiven Voraussetzungen vernünftiger Praxis*, Freiburg i. Br. – Múnich, 2018.

Flikschuh, K. (2011), "Gottesdienst und Afterdienst: die Kirche als öffentliche Institution?", en: Höffe (2011) p. 193-210.

Franklin, J. (2015), *The Science of Conjecture. Evidence and Probability before Pascal*, Baltimore, 2015.

Fröhlich, B. – O'Connor, B. (2015), "Sokrates", en: M. Willaschek – J. Stonzenberg – G. Mohr – S. Bacin (eds.), *Kant-Lexikon*, Bd. 1-3, Berlín – Boston, 2015, p. 2130-2131.

Fugate, C. D. (2014), *The Teleology of Reason. A Study of the Structure of Kant's Critical Philosophy*, Berlín – Nueva York, 2014.

Gadamer, H. G. (1989), "Heidegger und das Ende der Philosophie", en: *Hermeneutische Entwürfe. Vorträge und Aufsätze*, Tübingen, 2000, p. 195-207.

Goldstein, J. (2010), "Die Höllenfahrt der Selbsterkenntnis und der Weg zur Vergötterung bei Hamann und Kant", *Kant-Studien* 101/2 (2010) 189-216.

Goy, I. (2013), "Virtue and Sensibility", en: Trampota – Sensen – Timmermann (2013) p. 183-206.

Guyer, P. (2010), "Moral Feelings in the *Metaphysics of Morals*", en: L. Denis (ed.), *Kant's 'Metaphysics of Morals'. A Critical Guide*, Cambridge, 2010, p. 130-151.

Haro Romo, V. de (2015), *Duty, Virtue and Practical Reason in I. Kant's Metaphysics of Morals*, Hildesheim – Zürich – Nueva York, 2015.

Heidegger, M. (1927), *Sein und Zeit* (1927), Tübingen 1986, reimpresión de la 7a. edición de 1953 con el agregado de las notas del ejemplar de mano del autor.

Heubült, W. (1980), *Die Gewissenslehre Kants in ihrer Endform von 1797. Eine Anthroponomie*, Bonn, 1980.

Höffe, O. (ed.) (2011), *Immanuel Kant, Die Religion innerhalb der Grenzen der bloßen Vernunft*, Berlín 2011.

Hünnig, D. – Klingner, S. – Olk, C. (eds.) (2013), *Das Leben der Vernunft. Beiträge zur Philosophie Kants*, Berlín – Boston, 2013.

Jáuregui, C. (2008), *Sentido interno y subjetividad. Un análisis del problema del auto-conocimiento en la filosofía trascendental de Kant*, Buenos Aires, 2008.

Josifović, S. – Kok, A. (eds.) (2017), *Der innere "Gerichtshof" der Vernunft. Normativität, Rationalität und Gewissen in der Philosophie Immanuel Kants und im Deutschen Idealismus*, Leiden – Boston, 2017.

Kazim, E. (2017), *Kant on Conscience. A Unified Approach to Moral Self-Consciousness*, Leiden – Boston, 2017.

Kittsteiner, H. D. (1988), "Kant and casuistry", en: Leites (1988) p. 185-213.

———— (1991), *Die Entstehung des modernen Gewissens*, Frankfurt a. M. – Leipzig 1991.

Klemme, H. F. (1996), *Kants Philosophie des Subjekts. Systematische und entwicklungsgeschichtliche Untersuchungen zum Verhältnis von Selbstbewusstsein und Selbsterkenntnis*, Hamburgo, 1996.

Knappik, F. – Mayr, E. (2013), "Gewissen und Gewissenhaftigkeit beim späten Kant", en: Bacin – Ferrarin – La Rocca – Ruffing (2013) p. 329-341.

———— (2019), "'An Erring Conscience is an Absurdity'. The Later Kant on Certainty, Moral Judgment and the Infallibility of Conscience", *Archiv für Geschichte der Philosophie* 101/1 (2019) 92-134.

Kraus, K. T. (2020), *Kant on Self-Knowledge and Self-Formation. The Nature of Inner Experience*, Cambridge, 2020.

Kraye, J. – Saarinen, R. (eds.) (2005), *Moral Philosophy on the Threshold of Modernity*, Dordrecht, 2005.

La Rocca, C. (2013), "Kant on Self-knowledge and Conscience", en: Hünnig – Klingner – Olk (2013) p. 364-385.

——— (2020), "Gewissen und Urteilskraft in Kants Auffassung der Kasuistik", en: Di Giulio – Frigo (2020) p. 177-192.

Lehmann, G. (1974), "Zur Analyse des Gewissens in Kants Vorlesungen über Moralphilosophie", en: Lehmann (1980) p. 27-58.

——— (1979), "Kants Tugenden", en: Lehmann (1980) p. 58-95.

——— (1980), *Kants Tugenden. Neue Beiträge zur Geschichte und Interpretation der Philosophie Kants*, Berlín – Nueva York 1980.

Leites, E. (ed.) (1988), *Conscience and Casuistry in Early Modern Europe*, Cambridge, 2002 (= 1988).

Ludwig, B. (1990), "Einleitung", en: Kant, *Tugendlehre* p. XIII-XXVIII.

Ludwig, B. (2014), "'Ohne alles moralische Gefühl ist kein Mensch'. Lebendige, vernünftige und sittliche Weltwesen bei Kant", en: Römer (2014) p. 117-142.

Luo, X. (2019), *Aspekte des Selbstbewusstseins bei Kant. Identität, Einheit und Existenz*, Berlín 2019.

Mahoney, J. (1997), "Probabilismus", en: Müller (1997) p. 465-468.

Mayes, B. T. G. (2011), *Counsel and Conscience. Lutheran Casuistry and Moral Reasoning After the Reformation*, Göttingen, 2011.

Meld Shell, S. (2009), *Kant and the Limits of Autonomy*, Cambridge (Mass.) – Londres, 2009.

Michalson, G. E. (2014), *Kant's 'Religion within the Boundaries of Mere Reason'. A Critical Guide*, Cambridge, 2014.

Møller, S. (2020), *Kant's Tribunal of Reason. Legal Metaphor and Normativity in the Critique of Pure Reason*, Cambridge, 2020.

Müller, G. (ed.) (1997), *Theologische Realenzyklopädie*, Bd. XXVII: *Politik / Politologie – Publizistik / Presse*, Berlín – Nueva York, 1997.

Oehl, T. (2017), "Gott als Richter? Zum Gewissen im § 13 von Kants *Tugendlehre*", en: Josifović – Kok (2017) p. 84-114.

Osawa, T. (2014), *Perfection and Morality. A Commentary on Baumgarten's* Ethica Philosophica *and its Relevance to Kantian Ethics*, tesis doctoral, Macquarie University, Sidney, 2014.

Palmquist, S. R. (2016), *Comprehensive Commentary on Kant's 'Religion within the Bounds of Bare Reason'*, Malden (MA) – Oxford, 2016.

Papish, L. (2018), *Kant on Evil, Self- Deception, and Moral Reform*, Oxford, 2018.

Placencia, L. (2013), "Die Subjektivität der Maximen bei Kant", en: Bacin – Ferrarin – La Rocca – Ruffing (2013) p. 521-532.

——— (2019), *Handlung und praktisches Urteil bei Kant*, Freiburg i. Br. – Múnich, 2019.

Reiner, H. (1974), "Gewissen", en: J. Ritter (ed.) (1974), *Historisches Wörterbuch der Philosophie*, Bd. 3: *G-H*, Darmstadt 1974, col. 574-592.

Rodríguez Aramayo, R. – Roldán Panadero, C. (1988), *Inmanuel Kant, Lecciones de ética*, trad. esp. R. Rodríguez Aramayo y C. Roldán Panadero, con introducción y notas de R. Rodríguez Aramayo, Barcelona, 1988.

Römer, I. (ed.) (2014), *Affektivität und Ethik bei Kant und in der Phänomenologie*, Berlín – Nueva York, 2014.

Sánchez Madrid, N. (2016), "Resonancias emocionales de la razón en Kant", *Princípios* 23/41 (2016) 33-74.

Sánchez Ostiz, P. (2008), *Imputación y teoría del delito. La doctrina kantiana de la imputación y su recepción en el pensamiento jurídico-penal contemporáneo*, Montevideo – Buenos Aires, 2008.

Santozki, U. (2006), *Die Bedeutung antiker Theorien für die Genese und Systematik von Kants Philosophie*, Berlín – Nueva York, 2006.

Schadow, S. (2013), *Achtung für das Gesetz. Moral und Motivation bei Kant*, Berlín – Nueva York, 2013.

Schilpp, P. A. (1938), *Kant's Critical Ethics*, Evanston 1960 (= 1938).

Schmidt, E. E. – Schönecker, D. (2014a), "Kants Philosophie des Gewissens. Skizze für eine kommentarische Interpretation", en: M. Egger (ed.), *Philosophie nach Kant. Neue Wege zum Verständnis von Kants Transzendental- und Moralphilosophie*, Berlín – Boston 2014, p. 279-312.

——— (2014b), "Vernunft, Herz und Gewissen. Kants Theorie der Urteilskraft zweiter Stufe als Modell für die Medizinische Ethik", en: Bormann – Wetzstein (2014) p. 229-250.

——— (2017), "Über einen (unentdeckten) Gottesbeweis in Kants Philosophie des Gewissens", en: Josifović – Kok (2017) p. 115-153.

Schüßler, R. (2005), "On the Anatomy of Probabilism", en: Kraye – Saarinen (2005) p. 91-113.

——— (2019), *The Debate on Probable Opinions in the Scholastic Tradition*, Leiden, 2019.

——— (2020a), "Casuistry and Probabilism", en: H. Braun – E. de Bom (eds.), *Companion to the Spanish Scholastics*, Leiden, 2020 (en prensa).

——— (2020b), "Kant und der Probabilismus", en: Di Giulio – Frigo (2020) p. 193-216.

Schwartz, M. (2006), *Der Begriff der Maxime bei Kant. Eine Untersuchung des Maximenbegriffs in Kants praktischer philosophie*, Berlín – Münster, 2006.

Simmert, S. (2017), *Probabilismus und Wahrheit. Eine historische und systematische Analyse zum Wahrscheinlichkeitsbegriff*, Wiesbaden 2017.

Störmer-Caysa, U. (1995), *Über das Gewissen. Texte zur Begündung der neuzeitlichen Subjektivität*, Weinheim, 1995.

Timmons, M. (ed.) (2002), *Kant's 'Metaphysics of Morals'. Interpretative Essays*, Oxford, 2002.

Tomasi, G. (1999), *La voce e lo sguardo. Metafore e funzioni della coscienza nella doctrina kantiana della virtù*, Pisa, 1999.

Torralba, J. M. (2009), *Libertad, objeto práctico y acción. La facultad del juicio en la filosofía moral de Kant*, Hildesheim – Zürich – Nueva York, 2009.

Trampota, A. – Sensen, O. – Timmermann, J. (eds.) (2013), *Kant's "Tugendlehre". A Comprehensive Commentary* Berlín – Boston, 2013.

Vigo, A. G. (1999), "Incontinencia, carácter y razón según Aristóteles", en: *Estudios aristotélicos*, Pamplona, 2011 (= 2006), p. 325-362.

——— (2006), "Reflexión y juicio", *Diánoia* (México) LI/57 (2006) 27-64.

Vigo, A. G. (2007), "Medios y fines en el *Gorgias* de Platón (466a-468e), *Méthexis* (Sankt Augustin) XX (2007) 181-201.

——— (2010), "Autorreferencia práctica y normatividad", en: A. M. González – A. G. Vigo (eds.), *Practical Reason. Scope and Structures of Human Agency*, Hildesheim – Zürich – Nueva York, 2010, p. 197-223.

——— (2011a), "Ética y derecho según Kant", en: Vigo (2020) p. 181-222.

——— (2011b), "Conciencia moral y destinación del hombre. La radicalización de un motivo kantiano en el pensamiento de Fichte", en: Vigo (2020) p. 361-383.

——— (2012a), "Platón y las aporías del conocimiento de sí", en: M. D. Boeri – N. Ooms (eds.), *El espíritu y la letra. Un homenaje a Alfonso Gómez Lobo*, Buenos Aires, 2012, p. 215-247.

——— (2012b), "Inteligencia práctica y facultad del juicio según Kant", en: Vigo (2020) p. 147-180.

——— (2013), "La conciencia errónea. De Sócrates a Tomás de Aquino", *Signos Filosóficos* 15/29 (2013) 9-37.

——— (2014), "Conciencia moral como figura del Espíritu. Una aproximación al análisis hegeliano del *Gewissen* en *Phänomenologie des Geistes*", en: Vigo (2020) p. 423-461.

——— (2016), "Kant y la fundamentación estoica de la moralidad", en: Vigo (2020) p. 327-360.

——— (2018), "Acción como estructura causal y como estructura de sentido. Reflexiones programáticas a partir de Kant", en: Vigo (2020) p. 254-269.

——— (2019), "Reflektierte Wahrnehmung. Kant und der reflexive Weg zur Befreiung des Gefühls", en: A. M. González – A. G. Vigo (eds.), *Reflexion, Gefühl, Identität im Anschluß an Kant / Reflection, Emotion, Identity. From Kant Onwards*, Berlín 2019, p. 105-117.

——— (2020), *Conciencia, ética y derecho. Estudios sobre Kant, Fichte y Hegel*, Hildesheim – Zürich – Nueva York, 2020.

Wieland, W. (1989), *Aporien der praktischen Vernunft*, Frankfurt a. M., 1989; citado según la versión española contenida en: Wieland (1996) p. 15-50.

——— (1996), *La razón y su praxis. Cuatro ensayos filosóficos*, Buenos Aires, 1996.

——— (2001), *Urteil und Gefühl. Kants Theorie der Urteilskraft*, Göttingen, 2001.

Wood, A. W. (2008), *Kantian Ethics*, Cambridge – Nueva York, 2008

Zhouhuang, Z. (2017), "The Development of Kant's Theory of Moral Feeling", *Contextos Kantianos* 5 (2017) 58-74.

Este libro se imprimió en la Ciudad de México,
el 19 de marzo de 2023,
solemnidad de San José, esposo de la Virgen María,
en Litográfica Ingramex S. A. de C. V.
Centeno 162-1, Granjas Esmeralda, Iztapalapa,
C. P. 09810, Ciudad de México, México

www.ingramcontent.com/pod-product-compliance
Ingram Content Group UK Ltd.
Pitfield, Milton Keynes, MK11 3LW, UK
UKHW040025200726
13854UKWH00001B/368

9 786075 959801